U0008073

撒哈拉
一片應許之地

一位人類學者的另類旅遊實踐記事

蔡適任

獻給撒哈拉，
讓我得以慢慢拼湊起自己的名字

（以下謹依到稿順序刊登）

人類學的第一堂課，都在說人與動物的不同，在於人能直立，騰出的手用來做事（創造文化）。在法國拿到人類學博士學位的蔡適任，則用自己的雙手，證明不踏入學術圈的人類，既可以留在台灣教舞，也可以扎根北非沙漠孕植綠地。

我見識過適任手上行雲流水的好筆，沙漠人文她寫得生動說得自然。但在《撒哈拉，一片應許之地》中，她講的不是他人的生命，說的是自己——她這麼多年在沙漠，做了什麼，又是如何去做，什麼時候她運用了知識，什麼時刻她是萬般嘗試。她不是要告訴讀者成功的故事，是要訴說沙漠的現實，大地的能量，與她所面對的生靈。

我無法代替適任詮釋她的書寫，更不願只將她的實踐簡化成應用人類學。我只能說，這是適任獨一無二的生命經驗，而她騰出的手，支撐著自己的理念，以及與沙漠的因緣，書寫，則是為了讓我們看見，遠在世界邊陲的這一切。

——阿潑／轉角國際專欄作者

這是一位在撒哈拉生活的台灣奇女子的故事。雖然我只在「天堂島嶼」民宿生活兩、三天，蔡適任卻讓我了解沙漠生活的辛苦，如利用大沙丘內遺留的千年古水灌溉村莊農業等。當然也讓像我這自稱台灣環境捍衛者感到汗顏。當我為環境議題疾呼時，適任在千萬里外的撒哈拉為保護一棵樹或栽種一棵樹而奮鬥。將來人類社會或許會改變，若有改變，正是像適任這樣的人努力所得的成果。這本好書值得大力推薦，尤其對環境運動者而言。

——劉俊秀／台灣環境保護聯盟前會長

一九七八年，二十一歲的紐西蘭女生瑪格麗特在約旦佩特拉遇見貝都因男子穆罕默德，相處兩個月之後，嫁給穆罕默德。

如今，瑪格麗特開設的小紀念品店就位於佩特拉古蹟中的羅馬劇場正對面，《嫁給貝都因男人》一書正正擺在店前，此段浪漫的愛情故事也成了約旦旅遊界佳話。

認識適任是在撒哈拉，她剛結婚那會兒。

即便是同鄉結婚或同族通婚，就算成為「家後」或「牽手」，同樣也是吵吵鬧鬧才知是夫妻。異族通婚，更是兩種完全不同生活方式的結合。

「一為沙漠之居，一為都市居民」、「一為遊牧心態，一為定居心態」、「一為男性為首，一為男女平權」、「一為大地教育，一為學院教育」，的確需從中找出相處之道。

撒哈拉美景瑰麗絕倫，生活在撒哈拉卻非外人所想那般浪漫，尤其面臨沙漠化和溫室效應等環境危機，撒哈拉子民的生存更是加倍艱難。

適任的新書「一腳踏進撒哈拉竟有了歸屬感，自己與這片土地連結」不僅僅以生活層面做出發點，更鑿了井，種了樹，樹枯再種，為保護沙漠子民生存的環境，護樹和養樹，與飯店槓上。同時語重心長期許自己這「不安分的靈魂，化作雨滴降落，讓井水盈滿，孕育生命，是應許之地」。

難得有第一手深入敘述撒哈拉的種種生活，讓我們更了解沙漠與土地之愛。我非常推薦此書。

——黃建忠／世界遺產協會顧問

在這個只重量化，例如我們這行的收視率，而不重質化標準的時代，仍有一位作者認真耕耘她的書，既重視量化的字數，又重視質化的內容，而我竟然認識她。

永遠記得二〇一五年去摩洛哥採訪時，適任深刻的人文觀察對我報導的增色。看她一路從異國婚姻上演的「鄉土劇」，到完成「應許之地」，我知道她在沙漠滴下不少淚水。這些文字是一種吶喊，甚至是呼救，就像在「天堂島嶼」民宿門口受訪時，一台飆沙車疾駛而過打斷了訪問，她是那麼地不忍未知的動物被觀光車輛輾壓。

適任說過，最不喜歡旁人勸她不開心就回來，因為沙漠其實給她滿滿能量。孤單過的人才能在沙漠靜得下，傷心過的人必能從沙漠找回力量。所謂「應許之地」永遠是心裡最軟的一塊，祝福適任永遠被沙漠愛撫。

——傅家慶／三立新聞「消失的國界」前資深記者

什麼樣的力量引領一位亞熱帶島嶼土生土長的女子前往北非沙漠，還將它視為另一個故鄉，為它努力著？我禁不住想，如果不是對土地有無限的愛，那或許就是前世業力的牽引了？

讀著適任的文字，時而如同跟隨著人類學者的腳步探訪遙遠國度的真實生活樣貌，時而感受字裡行間無不是人生哲學與生命中不曾間斷的選擇題，也不時引領我們在篇章之間回應自己內心對生命曾有的疑慮與渴求。

在這全球社會、氣候變化都極為快速的時代，無論身處何處：雨林、沙漠……只要需要我們的地方，都可以是家，而唯有與大自然重新連結，才能在我們所選的「家」生根，也才能找到自己在地球上有意義的位置。我認為適任已經在這樣一條道路上。

——江慧儀／大地旅人樸門設計創辦人

二〇一九年暑假，我擔任倫敦藝術大學互動設計系所主任，帶領碩士班學生前往撒哈拉沙漠進行為期一周的戶外教學。對這門課程的學生來說，互動設計是一個極新的專業領域，他們著迷於未來科技能力，勝過於人與自然的關係。沙漠研習計畫是一次專業教學上的創舉，而我們短暫的居留中，蔡適任博士與夫婿貝桑帶我們進入沙漠世界，探訪那裡的人、事、物。學生們回到倫敦後，分享著沙漠行中重新認識自己的過程、深刻思索我們所處的環境風險及我們與自然的關聯。沙漠是一則說不完的故事，我非常推薦這本《撒哈拉，一片應許之地》給還無法造訪沙漠的人閱讀。

——Prof. Nicolas Marechal／倫敦藝術大學（University of the Arts London）
互動設計系前主任

書寫沙漠，需要有內心強大特質的人。內心愈是強大的人，不會冷漠無感，而是愈來愈溫柔。蔡適任博士的《撒哈拉，一片應許之地》娓娓道來，不徐不疾，她的沙漠沒有風花雪月的愛情，有的是對人文、生活、社會、環境更深刻的情感，像是學習著我們身體的一部分，正如法國哲學家尚・布希亞（Jean Baudrillard）所言：「沙漠是身體內在寂靜的自然延伸。」（The desert is a natural extension of the inner silence of the body.）某些看似「柔弱」的書籍，其實是鐵打的硬漢，這本就是。

——周伸芳博士／實踐大學文化創意學院助理教授

推薦序　一位風土創業者的沙漠行動

洪震宇／金鼎獎作家，著有《風土經濟學》、《風土創業學》等

原本以為這是一本在沙漠追尋自我、記錄文化探索與生活感受的人類學田野筆記，沒想到竟是一本風土創業者的沙漠實踐，嘗試在異地創造文化、商業與社會三贏的經營模式。

對於在台灣實踐十多年「風土經濟」的我來說，看到書上提到我的《風土經濟學》、《風土餐桌小旅行》的認同與異地實踐，非常意外與感動。書上遇到的種種難題、挫折與找尋突破方法的過程，如果地點不是撒哈拉沙漠，還以為是台灣某個偏鄉角落的故事。

對照之下，這不也是我多年的實踐歷程。我們都穿梭於在地人、外地人、文化、社會與商業經營的角度，嘗試挖掘地方風土特色，轉換成可與外界溝通、改變現狀的經營

模式。

點點滴滴的心情，都是不易訴說的孤獨寂寞。

記得多年前開始在偏鄉推動整合地方資源、串聯不同人的故事，找出風土文化特色，推出深度探索地方的「小旅行」，常遇到許多旅人、外地人、甚至在地人關心與質疑。大家都問，一團只有十來位旅客，能帶來多少產值？這麼小眾，如何吸引大眾？

我不是預測專家，只能回答透過深度交流，先創造感動的價值，而非產值。就像經營一個品牌，如果一開始想的是賺錢、產值、規模與連鎖，那大概不會有人願意到台灣各地做這些事情了，應該去挑一個觀光客雲集、更好操作的地方。

這種「假設、推估」產值、參與人次的思維邏輯，多半都是坐在辦公室蒐集資料、用想像寫政策計畫政府官員做的事，從上而下的放煙火。然而模仿、抄襲、削價競爭，已經證明是毒藥與煙火，轉瞬即逝，而且帶來許多後遺症。就像疫情下，台灣老街、夜市陷入無人問津的窘境，各地彩繪、天梯只吸引走馬看花的人，打卡完卻一去不返。即使是擠滿人潮的小島，卻帶來垃圾、噪音與破壞的問題。

即使行路難，仍有逆勢創業的契機。只有抱持改變現狀的強烈動機，願意探索現狀，找尋突破難關方法，做出各種創業實驗精神的人，才可能在沙漠中長出一棵樹，即使枯萎了、甚至沒有蔓延成一片森林的希望，仍會繼續前行。

就像適任的「天堂島嶼」民宿、建立獨特定位的深度導覽行程，都是從沙漠中種下一棵樹的浪漫想像開始。

身為一位女性，在撒哈拉沙漠創業，遭遇的困難挑戰，是身在島嶼台灣的我們很難想像的。一個是廣袤無垠的沙漠，有什麼可以讓人探索流連的特色？其次是阿拉伯民族對女性的貶抑忽視，尤其是這位異國女性的處境更艱難，第三是當地富貴權勢與窮困弱勢的落差，弱者往往難以抗衡。第四是商業營運的挑戰，歐洲人來此都是過著奢華的觀光行程，在地業者只能取悅滿足，卻容易失去自我特色，更無法賺到該有的利潤與尊嚴。

種種挑戰，適任要如何溝通、克服？故事令人動容精彩之處，就來自於她的折衝協調與堅持強悍。該妥協之處，她只能隱忍，找尋轉進之道，該堅持的地方，她不惜與家族決裂，與財團對抗，只為了人道價值、土地永續。

其中最值得台灣讀者學習之處，在於她運用人類學精神與方法，以「他者」角度來探尋沙漠文化的奧祕，以及轉換成創新內容，引領旅客深度認識沙漠之美。

比方她認為「景點」並不是非得澎湃壯闊、可歌可泣的史蹟，若能做好扎實的田野調查，帶著理解與真誠地訴說，讓旅人感受在地人如何在天地間活著的美麗故事，「風景」在旅者眼前就能鮮活起來。

為此她與丈夫貝桑四處探尋，找出自己經營民宿與導覽的獨特定位。例如沙漠除了石頭什麼都沒有，適任就讓「石頭」成為吸引觀光客的號召。她將化石產地加入導覽之中，解釋眼前散落荒野的化石如何生成，在地質學上的意義，讓客人更深刻地感知荒漠風土的古老神奇。

此外，她努力讓在地生活與生硬歷史產生溫度。這也是台灣經常遇到的問題，在地人習於固定的生活模式，或是不知道整個地方的大歷史，無法跳脫出來轉換角度，以外地人理解的方式來溝通。適任努力找資料、閱讀、採訪各處耆老，像拼圖一樣慢慢拼湊在地文史，再放入導覽裡，並與前後景點呼應，串成一個有歷史脈絡的在地故事。

她在書上寫著：「像山一樣思考，像沙漠一樣思考，才能發現圍繞在四周的奧祕，也才真的能以另種方式，像個『真正的人』一樣地思考。」

要成為真正的人之前，得先化為風土的一部分。不論是身處沙漠、島嶼、高山，還是溪流，只有學習以人類學的視野，先讓自己化為風、變為土，以地方角度來思考與感受，才能找尋改變的力量，實踐我們的理想。

最後都能像適任一樣，先做有故事的人，才能讓家鄉成為有故事的地方。

目次

緣起

若說撒哈拉是三毛「前世的鄉愁」，它則是我渴望在今生實踐夢想的「應許之地」。

我天生有個不安分的靈魂，極度渴望自由，人生大半輩子，無盡漂泊，腳不著地，如同一朵飄浮天空的雲。直到一腳踏進撒哈拉，竟有了歸鄉感，只覺自己與這片大地有所連結，即便雲兒四處來去，仍在地球天空裡，那片寂靜無聲的廣袤無垠讓我真實感受到蓋婭的愛與溫柔，而我願化作雨滴降落，讓井水滿盈，孕育生命，滋潤棕櫚樹我的弟兄們。

二〇一〇年，教舞的挫折讓我決心暫離台灣，加入浩然基金會國際志願者計畫，前往摩洛哥人權組織工作，是而接觸「另類全球化」（altermondialisme）運動，也因而走入撒哈拉，見著沙漠的美好如何被氣候變遷與觀光業荼毒，很是憂心。

我同時還是個熱情的理想分子，擁有過度旺盛的批判神經，卻也務實地問自己能否為我深深眷戀的土地做些什麼。

法國詩人 Paul Éluard（1895-1952）曾說：「另一個世界是可能的，但就在這個世界當中。」（un autre monde est possible mais il est dans celui-ci）這句話成了另類全球化口號。

我告訴自己，光是憂心或批評無法改變既定事實，那麼就回撒哈拉，在撒哈拉、在不盡如人意的現實裡，試著走出一條不同的道路，一條有著「另種可能」（alternatives）的道路。

舞蹈是一場祈禱，時時刻刻於日常生活這聖殿裡進行著——這是我放下舞蹈，走入沙漠前，舞蹈教會我的事。帶著這份知曉，回到沙漠，我讓自身生命隨著詭譎多變的世間有為法即興而舞，感受著心中那一個如如不動。

沙漠的富饒絕美不在於物種數量的豐沛，卻是那份堅毅不拔且無處不在的生命力。即便乾旱苦絕，生命依舊在，只是靜待水來。涓涓雨滴讓棕櫚樹得到滋潤，得以庇蔭萬物，讓萬物熱鬧一整座沙漠的靜謐。而生命得以在沙漠延續的奧祕，正在於系統的循環生生不息。

我試著成為沙漠生命循環系統裡的一棵樹，推過多場計畫，實踐夢想的同時，也不得不自我調整甚至妥協以適應現實環境。

甫回沙漠，好友M提醒我：「這輩子，不再需要成為孤單的烈士，憤怒的知識分子，熱血的理想家。只要真實的，抱著溫柔的心，創造分享感謝生命本質中的美好。也許妳的計畫會變動，然神聖計畫會自然流動。」

靈魂深處對撒哈拉的祈求始終如一：「請將我變成一場沙漠，請讓我的愛如同沙丘裡的沙粒一樣多，請讓我如同天空裡的雲彩一般瑰麗自由。」

這條在撒哈拉的獨特道路得以鋪陳，仰賴諸等善因緣的匯聚。

來自浩然基金會的機緣，讓當時遭逢困頓挫敗的我，無意間走入摩洛哥，得以被撒哈拉豐沛的自然力療癒，有了「重新做人」的力量，進而開啟「另類全球化」的思索與實踐。

在摩洛哥人權組織服務期間，幸得上司慕禾（Mohamed Leghtas）信任，給我最需要的自由，放手讓我獨自前往撒哈拉探索，引導我將氣候變遷與另類全球化放入核心議題，為我後來在撒哈拉的夢想計畫奠定獨特的根基。

數年後，在集資平台識與不識者贊助下，撒哈拉夢想計畫得以起步，當一切都還只是藍圖時，人世間便有識與不識者給予最重要的信任與支持，讓我深深感念在心。帶著這份支持與信任啟程，爾後無論遇到什麼樣的挑戰、挫折與誘惑，讓我都能不忘初衷。

摯友 Eva 與 Edith 不時聽我嘮叨沙漠生活之苦，讓我因被理解而得到安慰與繼續走下去的氣力。Lindy 與 Peter 更是這場計畫背後最堅定的戰友，不以成敗論斷一場行動的價值，永遠只給予最真誠的理解與最單純的支持。

滿是衝突的混濁塵世裡，幸有M適時提點，讓我在對抗著什麼、實踐著什麼的時候，還能不忘於自身內在做工，守住那份初衷與真誠的心。

感謝我的家人，向來允許我以我如是的樣子活著。

感謝我的「業力夥伴」貝桑，或許我們不是彼此最適合的人，一份原初自發的情感卻讓我們共同走過整個冒險、探索與實踐歷程，或衝突，或糾葛，當一人轉身離開，另一個人隨即跟了上來，而離去那人終究折返。

這本書分享的與其說是「成功經驗」，其實更是理想與現實的拉扯與無盡衝突，是如何面對失敗、回應失敗，因為愛而能不放棄希望地尋找解方的過程，在無邊無際無痕的沙丘上，步步踩出屬於自己的靈魂歸鄉路。

烈日下

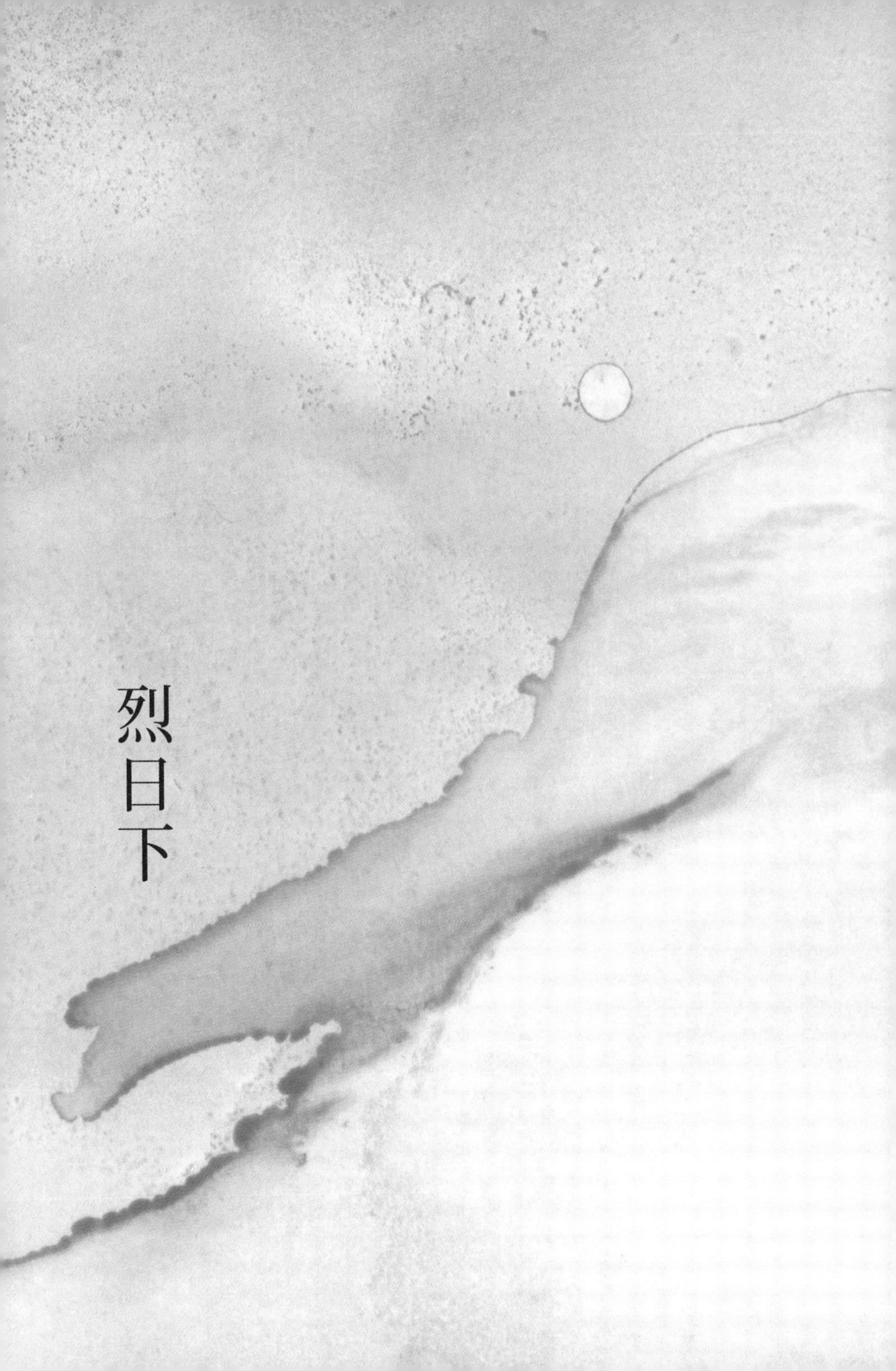

遊牧民族格言有云：「沙漠無法被言說，只能去活過。」一個驕傲的人，肯定將因沙漠而折損，我想。

沙漠的瑰麗富饒與無情殘暴並具，所有遊牧民族的一生，莫不時時刻刻蒙受沙漠嚴酷考驗，關於「生」。

沙漠冬季溫差極大，夜裡總得蓋上數條毯子保暖，白天說不上冷，然風一吹，卻也讓人忍不住顫抖地拉緊披肩衣裳，這時若能走入陽光中，身子隨即暖和起來。每年自初夏始，日一昇，白燦燦陽光遍灑大地，熱氣直逼人往帳篷、樹蔭、屋舍與洞穴躲，卻依然可在所有縫隙角落裡發現光與熱氣的存在，總得等到日落後，暑氣漸散，人們這才紛紛走出帳篷，圍坐沙地聊天，享受夜風帶來的些許涼意。

不知不覺中，來自島嶼的我，竟也愛上沙漠與陽光，即便太陽不時晒得人發疼，即便每年總有人於酷夏喪命，只要陽光不在，心便憂傷。是陽光讓大地有了色彩，黑夜只因光不在。

我好愛陽光在沙丘上幻化出各種色調，清晨時的淡粉，正午時的金黃，黃昏時的豔橘，同樣的沙丘，不同時段與天候，顏色與姿態不曾重複。若剛下過雨，雨滴在沙丘上刻下皺紋般的痕跡，金黃豔橘色調瞬間化為深棕，讓沙丘剎時蒼老渾厚。

總有些天，太陽晒得人發昏，無論頭巾衣物如何包裹遮蔽，仍無力阻止陽光如針般地刺痛全身，空氣乾燥酷熱得讓人即使飲盡水壺裡最後一滴水，仍無法稍稍滋潤正鬧著旱災的口舌身軀，駱駝羊隻疲憊地趴在眼睛無法直視的陽光裡，熱氣自天空蒙頭灑下，石頭晒得燙人，堅硬的地面緩緩吐出所有來自烈日的能量，熱氣蒸騰的沙漠一片死寂，不見任何生命跡象，但若傾耳聆聽，彷彿在太陽燒灼大地與土地龜裂的細微聲音裡，夾帶動物躲在暗處的喘息。

陽光射出的一道道光束刺入每個毛細孔，穿透身軀，連帶吸乾身上所有水分，讓人像顆掛在樹上的劣質椰棗，枯得起皺，皺得外皮都掉了一層，果肉乾扁扁地與果核分離，焦薄無味，就連平日見椰棗就歡喜的駱駝都不屑張嘴。

原本鮮嫩綠草早焦黑了，駱駝羊隻又餓又累又渴地動彈不得，體質嬌弱些的，往往一趴下便再也起不來。這時還活在沙漠深處的遊牧民族總得牽著驢子，忍受烈日燒灼，前往遠方的井汲水，除了盥洗飲用，更是讓駱駝羊隻有水喝，降低牲口損失。

好幾次，烈日灼身，讓人以為自己將被晒成一具乾屍，輕輕一碰，便散成一地黑色碎石。

一回，再無法忍受沙漠熱氣與烈日的我，單純當作嘗試一個好玩的遊戲，試著在高溫乾燥擁抱全身時，任由熱氣進入自己，成為整體存在的一部分，閉上眼睛，讓熱流緩緩進入心坎裡，流向胳臂、手肘、手腕與手掌，揮揮雙手，想像這是太陽的光芒。再度深呼吸，讓熱流走入腰、腹與臀，擺擺身子，想像這是太陽的中心。接著緩緩吐氣，讓熱流往大腿、膝蓋、小腿、腳踝與腳掌延展，雙腳踏踩踢，想像這是太陽的燦爛。

剛開始只覺得吸氣吐氣間，滿口熱氣與沙塵，讓人幾乎無法呼吸。不一會兒，我慢慢抓到要領，隱微而真實地感受到熱氣如絲一般地進入皮膚裡，細細緩緩流貫全身，讓身子乾枯得和劣質椰棗一樣，卻又同時讓人化作太陽與萬物的一部分。

不知不覺中，我流了一身汗，熱風一吹，身子瞬間涼了下來，眼前景物忽地清朗，就在這樣的一刻，陽光、熱氣、汗水與風突然有了不同意義，那是來自神的創造。熱風持續席捲沙漠，愈吹愈烈，在分不清究竟是熱氣逼人抑或身上汗水迎風的清涼更為滋潤的恍惚間，竟覺自己與風、與沙、與太陽及熱氣真真實實毫無二致。

這樣的感悟若非經過遊牧民族提點並在撒哈拉持續練習，還真無法成為來自島嶼的我的真實生命領悟。

若說豔陽曝晒日日宣告著沙漠的廣袤殘酷，突如其來的沙塵暴便是瞬間逼使遊牧子民不得不在大自然之前謙卑低頭，於阿拉旨意前臣服。

每年春夏是沙塵暴好發季節，有時上午天還正清朗呢，就幾朵白雲兒漂浮在藍藍的天，不一會兒，風勢漸強，灰白厚雲從遠遠地平線迅速席捲過來，強風夾帶沙粒碎石，拍打得棕櫚樹發出清脆聲響，須臾間，黃沙瀰漫天際，能見度極低，狂風捲起沙粒，讓人無法呼吸，睜不開眼，淚水直滴。若這場沙塵暴恰巧帶雨，氣溫便會驟降，而那雨打在身上臉上，力道宛如堅硬碎石，打得人又冷又疼！有經驗的牧羊人一見遠處藍天開始轉灰變白且風勢驟增，便知沙塵暴即將來襲，急忙趕回羊群，人躲入帳篷。沙塵暴一捲起，有時不過數小時便止，有時可得瘋狂吹上好幾個晝夜，全憑阿拉旨意。

而沙丘不斷移動、甚至累積擴大，真可謂一大無解難題。

廣袤巨大沙丘景觀壯闊瑰麗，是珍貴獨特觀光資源，卻也侵蝕可耕種土地，嚴重時甚至掩埋住宅，危害居民生存。

在沙漠，風力吹移堆積固結物質，持續作用下，沙粒堆積成丘，形成特殊地貌，即為沙丘，形狀或如小山丘，或壟狀堆積，高度從不到一公尺到數十公尺皆有，特殊情況下，甚至可達百公尺，形成巨大沙丘，常見於荒漠與半荒漠地帶，亦可見於海邊、湖濱乃至河岸等。

多數沙丘因風吹襲而不停移動，依照流動速度，可約略分為固定、半固定與流動沙丘，有植物生長的沙丘較不易移動，裸露的沙丘往往因風吹襲而流動，掩埋耕地、屋舍與道路。乾旱來襲，植物枯死，沙塵暴發生頻率大增，土地沙漠化更加劇沙丘對人類居住地的侵襲，也是這些年沙漠住民面對的難題之一。

沙塵暴不斷朝部落所在地襲來，加劇沙丘移動速度，此乃人力無法改變的大自然現象，近年則因全球暖化與乾旱，沙漠持續擴大，土地愈來愈乾燥，含沙量遽增，沙漠捲起的風也愈來愈強烈，沙塵暴出現的頻率激增，益發威脅部落存在。

眼見沙丘侵襲日劇，為保住綠洲與人類住所，近幾年在國際組織協助下，摩洛哥政府在撒哈拉進行防砂堤建造工程，然而時機似乎已晚，風沙早已成功奪走龐大的可耕地，而一塊土地一旦為沙丘侵占，便難以恢復原貌。

防砂堤是目前所知最能有效防阻風沙掩埋農作物、道路與屋舍的方式，由乾枯棕櫚樹編織而成，築起一道道牆。一座防砂堤面積不小，且只能以人工方式打造。穆哈米德

（M'Hamid El-Ghizlane）亟需建築防砂堤保護的區塊就極為廣袤，礙於資金人力，只能重點式地建蓋在部落周圍與道路一帶，無奈風沙在沙漠永不止息。

防砂堤需不斷定期維修，否則很快就會失去功用，然而礙於維修資金不足，大大縮短防砂堤壽命，減低應有效益。只需稍稍在穆哈米德防砂堤區域行走便會發現，防砂堤幾乎已為沙堆掩埋，唯有鄰近主要幹道者維護狀況較佳，以確保道路暢通無阻。

依據現有科學研究，沙塵暴、沙丘移動與土地沙漠化三者緊密連結。只要有沙漠，便有沙塵暴，地球表面有百分之二十是沙漠，更是沙塵暴巨大來源，尤有甚之，全球沙漠正持續擴大且永處移動中，沙塵暴發生的機率增加且危害的區域愈來愈廣，每年有五十億噸粒子飛入大氣層，最遠可達萬里之外，如撒哈拉沙塵暴的沙粒可覆蓋歐洲甚至是美國，影響空氣品質與植物生長，一旦沙丘侵占良田，糧食短缺即成未來隱憂。

尤有甚之，沙塵暴極可能重度影響未來氣候。德國 Darmstadt 科技大學研究員認為，沙塵暴不是氣候變遷的產物，沙塵暴本身就會改變氣候，影響地球氣溫，甚至影響雨將在何處落下，因為大氣裡的泥沙會影響降雨，甚至讓雨降在不需要降雨的海洋，而非水資源缺乏的草原或沙漠。

可以說，沙塵暴的發生與風沙侵蝕人類居地屬於全球性的問題，且嚴重程度遠在一般認知之上。

比起烈日酷暑，沙塵暴更讓我心生畏懼！漫天風沙讓人什麼都看不見，淚水直流，只要一張嘴呼吸，立刻滿口沙塵！每回只要沙塵暴持續數天不止，總讓我覺得自己的身體也將化作細細塵埃，隨風散向四方，靈魂則會迷失在伸手不見五指的漫漫黃塵裡，尋不著回家的路。

在沙漠生活的遊牧民族，幾乎沒有一家的帳篷不曾因沙塵暴而倒塌過。

是遊牧民族音樂吧，讓我在尚未走入撒哈拉前，便對沙漠有著無法解釋的愛與渴望，明明是來自遠方的異文化音樂，對我竟是滿耳鄉音！彷彿那音樂早已在記憶裡吟唱許久，身體每個細胞皆歡喜興奮地回應著每個樂音的彈跳，與人聲吟唱裡，那最細膩隱微的起伏轉折。

略微粗礪的老者嗓音，是場沙漠的風，席捲細沙於天地間漫揚，黝黑手指在琴弦上彈奏而出的樂音，呼應椰棗在樹梢搖動的身影，女子頭頂水瓶，打從井邊過，睡眼惺忪的駱駝抬頭看了一眼，再度沉入夢鄉。

沙漠遊牧民族樂音充滿了豐沛強悍能量，來自廣袤天地，與生之最初，是沙丘的連綿起伏，是人臣服於神，與自然和平共存。吟唱中，一個樂句緊扣另一個，環環扣成了圓，循環無盡如同沙丘連綿成無始無終的地平線。

我從來只能「聽見原鄉」，音樂將「家」於內底鋪陳，在心裡安上一塊磐石，讓我可以在生命大海裡航行而不至於翻船或迷失方向。依循音樂軌跡，前往「原鄉」的方向，任由當下靈感與音樂帶我向前飛奔，而「原鄉」不斷擴大，正如人從無法預知沙漠將止於何方……

我不曾忘卻自己出身島嶼，無盡浪蕩，卻直到一腳踏入撒哈拉，才知何謂「歸鄉」，那片廣袤無垠以無比溫柔的沉靜讓我明白，地球的名字叫蓋婭。

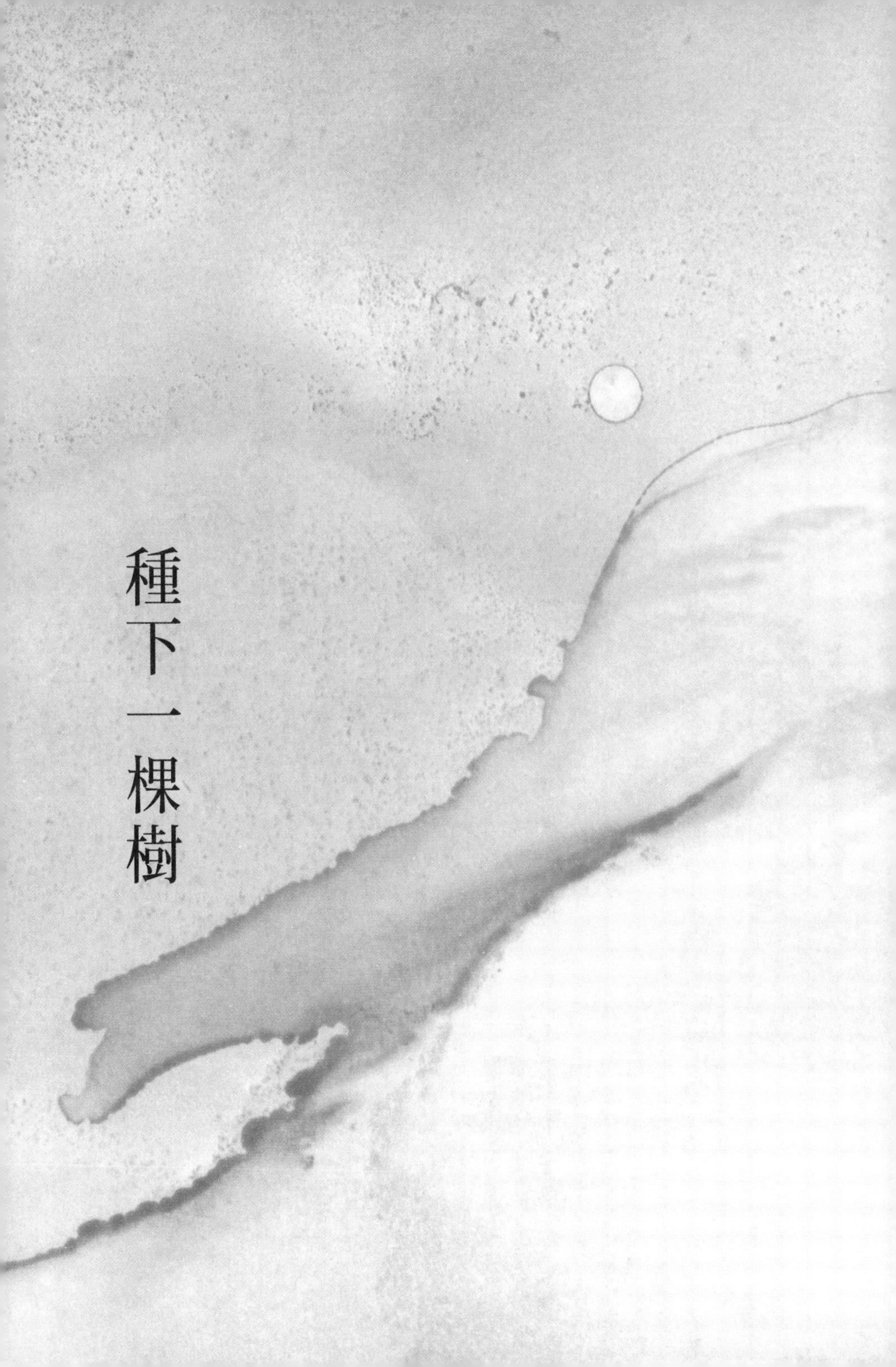

種下一棵樹

打從二〇一一年雙腳一踏上北非大地，我眼中所見就不是沙漠的貧瘠殘酷，而是綠洲的祥和富足，以及人與人、與天地間的和諧關係。

更是撒哈拉讓我愛上了樹，愛著沙漠裡每棵樹獨特的樣子，只覺世間每棵樹都是自己血脈相連的弟兄們。

許久前，我指著沙漠裡一棵古老野樹對貝桑說：「你看，那棵樹好美！」他說：「是呀，真的好美！因為那棵樹不是人種的，是阿拉的創造。」

在綠洲與沙漠，生態平衡特別脆弱，稍有閃失，人在沙漠生存的最基本要件：水，隨即被大自然收回，而沒了水，便再無植被、無動物，更無人類生存的餘地。

《古蘭經》說：「他從雲中降下雨水，你們可以用作飲料，你們賴以放牧的樹木因之而生長。」（16:10），又說：「你看大地是不毛的，當我使雨水降於大地的時候，它就活動和膨脹，而且生出各種美麗的植物。」（22:5）在沙漠，這真諦尤其不證自明。一切生命無不來自大地，起源於水與土壤，一旦水資源枯竭，抑或土壤受了汙染，自是一場生靈浩劫。

正因如此，綠洲與沙漠遊牧民族發展出了與自然和諧共存的文化法則。天地間無不是隨手可得的絕佳資源，沙地上自然生長的各種野生植物足以養活羊群牲口，也是泡茶香料或食物，甚至藥材。每種植物的妙用，當地人最為明白。

沙漠與綠洲土壤肥沃得足以孕育出生命，但關鍵仍在於能否獲得足以將沙丘幻化為綠洲的水源。在沙漠發展與困境中，我不斷看見在沙丘中閃爍的希望，與高於一切之上的法則力量。

捍衛沙漠生命的最後一道防線，棕櫚樹

在沙漠若見綠洲，必有高大濃密的棕櫚樹。必須說明的是，目前所知的棕櫚科（學名 *Arecaceae*）植物約有兩千八百多種，「棕櫚樹」（palmier）一詞為泛稱，在沙漠地帶的棕櫚樹樹種 Palmier-dattier（學名 *Phoenix dactylifera*）因可產椰棗，中文也譯為「椰棗樹」（dattier）。由於北非當地居民普遍仍使用 palmier 稱呼之，這裡也使用「棕櫚樹」。

棕櫚樹所產椰棗可養活人類與牲畜，提供動物與人歇息的涼蔭，樹幹可作建材，枝葉可編織成屋頂或籬笆，乾枯樹幹與枝葉是最佳柴薪，其纖維、葉柄與葉子則能編製成

各種日常用品。棕櫚樹可說是一種能夠全方位利用的植物，從樹根到樹葉，沒有任何廢棄物或垃圾可言，更不用說它對綠洲農耕不可或缺的重要性，號稱「捍衛沙漠生命的最後一道防線」，只要有水，就有生命力強韌且極為耐旱的棕櫚樹，以及它所庇蔭的生命。若一個地方連棕櫚樹都無法生存，其他生命形式更不可能有存活機會。

在沙漠等乾旱地區，人類對棕櫚樹的重視可見於古文明。棕櫚樹與樹葉圖飾妝點古埃及法老王神廟牆壁與石柱，以及古巴比倫城門、廟宇走廊與國王御座，《漢摩拉比法典》內有保護棕櫚樹相關法律條文，《猶太法典》多次提及棕櫚樹，《古蘭經》則有二十一節經文談到棕櫚樹與椰棗。伊斯蘭視棕櫚樹為天堂裡的植物，對於如何買賣、食用椰棗，伊斯蘭律法皆有相關具體法規，有些阿拉伯國家的錢幣或國徽上印有椰棗圖案，摩洛哥的沙漠小城伊爾富德（Erfoud）甚至每年舉辦椰棗節。

棕櫚樹在阿拉伯文化中象徵高大、正直、堅定、慷慨與無私奉獻，椰棗則象徵美食與甜蜜美好的事物。據說古時阿拉伯人將棕櫚樹的葉柄當成紙，椰棗由於擁有高度養分與熱量，每一百公克熱量高達兩百八十七大卡，含豐富醣類（葡萄糖、果糖和蔗糖）、維生素B群、少量的維生素C、鉀、鈣與纖維質，是遊牧民族不可少的日常食物，亦是齋戒月期間穆斯林一整天守齋後第一個吃下的東西，懷孕及剛生產完的婦女亦常以椰棗滋補身體。

摩洛哥的棕櫚樹園集中在瓦爾扎扎特（Ouarzazate）、馬拉喀什（Marrakech）、廷吉爾（Tinghir）與塔塔（Tata），尤其是長約兩百公里，寬約十八公里的德拉河谷（Draâ），從阿格茲（Agdz）延伸到穆哈米德，棕櫚樹密布，是重要的糧食生產區，瓦爾扎扎特與埃爾拉希迪亞（Errachida）的椰棗產量占全摩洛哥九十％。據二〇一六年官方統計，摩洛哥棕櫚樹園約有五萬公頃，相當於五百萬棵棕櫚樹。

即便耐旱強韌，棕櫚樹同樣需要人類修剪枝葉才能持續向天拔高，椰棗若無人收割，不出幾年，長出的果實往往乾扁無味。人與棕櫚樹之間，互助和諧。

棕櫚樹區分雌雄，三月正是授粉時期，阿拉讓這個月的風比其他月份都強，好將雄樹花粉吹拂到雌樹花蕊，完成授精，幾個月後，雌樹上椰棗結實纍纍。為了能有甜美果實且確保產量豐富，農民多半會進行人工授粉，在開花季節爬上雄樹，取下米白色的雄蕊花藥包在頭巾裡，再爬上雌樹，插在雌樹花柱旁，同時修剪樹葉雜枝。

為棕櫚樹進行人工授粉時，農民除了事先檢視雌樹的花蕊是否已經打開，還會依循柏柏爾遊牧民族傳統為棕櫚樹唱歌，以歌聲祝福棕櫚樹長得又高又壯，雨水豐沛，結出纍纍椰棗。

一棵棕櫚樹可產數串椰棗，而一串可有數百棵椰棗，成熟期約需六到八個月，農民不僅得在花兒授粉時爬上高高的棕櫚樹，採收時亦然，得帶著鋸子，爬到棕櫚樹梢，奮力鋸下結實纍纍的椰棗串。掉落的椰棗串只能靠人工撿拾，往往全家族出動，彎腰一一拾起椰棗串與散落一地的椰棗，再一株株敲打搖下椰棗串上的果實，集中放入布袋，以供販售或自食，品質不好的椰棗則供作羊隻飼料。即便是那些長時間晾在樹上或掉落地面，風吹日晒已形枯竭的椰棗，都是駱駝、驢子與山羊的最愛。

無論野生或人為種植，每一棵田野間的棕櫚樹皆有「主人」，且人人皆知哪棵棕櫚樹屬於哪一戶人家，無人會爬上不屬於自己的棕櫚樹摘取椰棗。

粗重忙碌的農活且靠天吃飯是所有莊稼人的共同命運，無論農耕、遊牧或照顧棕櫚樹，沙漠的勞務都相當繁重，若無年輕勞動力，年邁長者根本無力負擔，無怪乎當地遊牧民族泰半生養眾多孩子且視之為福氣。

然而，攸關遊牧民族、動物與綠洲農田在沙漠生存的棕櫚樹，近來不斷因罹病而大量枯死，讓遊牧民族處境愈形艱難。一旦棕櫚樹大片死亡，亦是宣告綠洲面臨存亡危機，況且棕櫚樹具有保護當地自然環境的作用，一旦大量病死，對生態保育勢必造成無法抹滅的影響。

二十世紀後，撒哈拉降雨量愈形稀少，寸草不生的荒漠面積擴大，伴隨的是綠洲縮小甚至消失，加上全球氣溫升高，沙漠愈形乾熱，一到夏季，焚風不斷，幾乎年年發生綠洲火災，讓大片棕櫚樹園付之一炬。

綠色和平早已為北非綠洲延續拉警報，過去約每五年發生一次乾旱，此時則縮短至兩年。整個二十世紀，摩洛哥綠洲至少消失了三分之二，整體生態系統愈來愈脆弱，不利於水資源保留，更加劇人口流失。

近幾年國際組織與摩洛哥政府雖已投入大量資金與人力，仍無力解決這棘手難題。穆哈米德便有一大片枯死的棕櫚樹林，數量與損失難以計數。當地居民說不上來棕櫚樹開始枯死的確切年代，只說問題存在已久，至少三十年以上，判斷應是得了巴約德病（Bayoud）這種附生真菌病，早期以藥物注射來控制，然效果不彰，棕櫚樹一旦發病，幾乎難逃枯死命運且傳染極廣。

一發現棕櫚樹染病枯死，居民隨即放火焚燒，以阻止傳染病蔓延。有人認為病菌來源是從上游水壩下來的灌溉用水，即使放火燒了染病的棕櫚樹，仍然無法遏止疾病蔓延、擴散。目前唯一較有效的解決方式是在染病棕櫚樹枯死之後，隨即剷除，改種抗病性較強的棕櫚樹品種，以避免當地光禿一片。

綠洲裡的良田

枯槁乾硬的黑色礫漠占了撒哈拉泰半面積，但在能覓得水源處，農耕是可能的，藉由鑿井、建造灌溉渠道，種植一棵棵能生產椰棗的棕櫚樹，即為綠洲。只見濃密清涼樹蔭下，一畝畝青蔥翠綠的良田，種著洋蔥、蔬菜、苜蓿、石榴樹及無花果等。

我住的村子梅如卡（Merzouga）就有一畝畝遊牧民族開闢出來的良田。

綠洲農耕形式相當特殊，極度仰賴棕櫚樹庇蔭，每戶居民皆有承襲自先祖輩的農田，在棕櫚樹下耙出一畝畝園圃，種植小麥、洋蔥、紅蘿蔔、玉米、牧草、豆類植物與薄荷等，偶爾可見杏桃與石榴等果樹。由於棕櫚樹下的田地被一排排棕櫚樹切割成面積極小的園圃，農耕機械無法進入，只能以人力密集的傳統方式耕種，採多種作物同時種植，以滿足自家食用為主，不以商業販售為主要訴求。事實上，若非乾旱肆虐，在綠洲維持基本糧食自給自足並非難事。

梅如卡綠洲農田灌溉系統是典型的沙漠文化，即俗稱的「坎兒井」，據說起源於波斯，分布區域以伊朗高原為中心，東至新疆吐魯番，西至摩洛哥。坎兒井的做法是先在地面由高至低打下井口，匯聚地下水，並在井底修通暗渠，將地下水引至目的地，以避免水源因太陽曝晒而蒸發，抑或受了風沙等汙染。

梅如卡雖有少數幾口井，但含水不豐且帶鹹性，不適合飲用，不遠處的沙丘則擁有豐富的儲水，水源來自天上落下的雨。一遇大雨，沙丘上的細沙便層層過濾落下的雨水並將之儲存在沙丘底，不因陽光曝晒而蒸發，不為沙塵暴所汙染，水質乾淨清甜，是遊牧民族的重要資源。坎兒井的形式不僅得以提供早年整個部落飲水之用，也讓綠洲有了農田。

麥田復耕

打從第一次踏進撒哈拉，我便深深震懾於沙漠的廣袤遼闊、沙丘的瑰麗幻化與綠洲無窮的生命力與清涼，對棕櫚樹有著自發原初的愛，如兄弟般親近，眼見沙漠持續擴大，乾燥酷熱大地留不住水滴，我渴望在沙漠種樹，庇蔭生之網絡。

二〇一四年二月，我決定放手一搏，大膽實踐夢想，在臉書號召台灣朋友加入為沙漠種樹的行列，除了綠化沙漠，更希望保有地力，讓麥田復耕，提高糧食自給率。

梅如卡附近有一座隨著水流來去的大湖，名為 Dayet Srij，容許魚兒野鳥優游，也灌溉一年一耕的麥田，讓遊牧民族在綠洲自給自足。無奈日日豔陽曝晒之下，原本可種植小麥的旱田逐漸失去地力，沙塵暴一來，旋即化作風中塵埃。

貝爸在湖畔一帶有一大塊旱地，因乾旱缺水廢耕多年，我們決定就在此處進行第一場綠化沙漠的實驗，考慮經費、人力與經驗等因素，種的樹苗不多，力求提高存活率。在沙漠種樹不只是購買樹苗與種植而已，後續照顧與灌溉，尤其陪伴樹苗度過漫長夏季考驗，才是真正的重頭戲，並非每位麥田主人都能負擔棕櫚樹種植成本。

台灣鄉親紛紛響應沙漠種樹行動，我們向樹苗栽培商下單，待笨重的樹苗運來，跟著遊牧民族一同拿起鋤頭，彎腰掘土，還沒將一個洞挖深到可以讓樹苗安穩扎根，雙手便已起了水泡，這才明白要在飽受沙漠豔陽過度曝晒的焦土上種樹，談何容易！

尋獲足夠的灌溉水源尤其關鍵，更是難題。

初期，我們每周雇用兩次水車載水來灌溉樹苗，但沙漠氣溫高、日晒長，帶沙焚風吹得人皮膚刺痛，土壤堅硬如石，原本翠綠的樹苗枝幹仍然逐漸轉成了淡褐色。啊，在這酷熱乾燥的沙漠，人、棕櫚樹與所有生靈皆辛苦。

朋友贊助我們一口最陽春的井，不少工人見麥田土壤堅硬，難以鑿井，不接這活兒。好不容易找到願意做的鑿井工人，以遊牧民族傳統尋水祕方，找到了藏在堅硬土壤底下的水脈，往下挖掘，果真有水！接著在井四周鑿一圈，做為井身地基，再將大小不一的石板石塊排列成圓，接著直接汲取井水，混合從井底挖出來的泥土，以手塗抹在石板石塊間的縫隙，以做黏合。

鑿井工人手上幾乎沒有任何工具，隨手拿起石板即為榔頭鐵鎚在石塊上敲打著，讓石與土結合得更緊密。又或者以石塊將石板敲成適當大小，填塞井身縫隙。井身主要工程都在地底下，我們完成的部分是最簡單基本的，如此一來，動物鳥類不會掉進井裡，若遇大雨，井也不會遭受破壞。待井完成，我們用簡易馬達將水抽上來，水量不足以灌溉所有樹苗便已用完，須耐心等待水位回來才能繼續灌溉。

這口井所有構成元素無一不是大地的賜予，包括水、土壤與石塊，在人的勞動與做工下，成為有助於人類繁衍的存在物，待廢棄，一切仍是回歸大地。

可惜由於資金不足，我們僅以石塊固定井身，幾個月後，土壤坍崩，便也蓋掉了水源。

雖然定期灌溉，每株棕櫚樹苗看上去仍然乾枯。貝桑堅稱只要樹根依舊青綠，土壤挖開，裡頭水分還在，就表示樹苗並未乾枯缺水，依然活著。我心想，這根本不算「活著」，只是「還沒死」。

棕櫚樹雖然堪稱「捍衛沙漠生命的最後一道防線」，幼苗期卻須來自人類的多方照顧才能提高存活率。定期灌溉不可少之外，還得不時整土，創造出最適合棕櫚樹苗生長的環境，那份辛苦與付出，真只有種田人才知。

二〇一六年春季，貝爸不時往麥田跑，花錢請來耕耘機，鋤草整地，據說上游水壩的水就要下來了，一旦土壤溼潤，便可以開始播種、種植小麥。

他老人家前前後後忙了好幾天，終於，水來了。傍晚，我們一同前往麥田探視，詫異地發現貝爸田裡有水，旁邊鄰人的田卻是乾的，荒草蔓蔓！

原來沙漠遲遲不雨，大湖並未回來，上游釋放的水量不足以灌溉每一座田，政府便以田裡種有棕櫚樹的人家為優先，確保棕櫚樹不死，剛好我們在貝爸田裡種了一排排棕櫚樹苗，是而有幸獲得上游水源灌溉，所謂的「麥田復耕」便這樣發生了。

然而，那些沒有資金與力氣種植棕櫚樹，只能任由麥田持續廢耕，甚至因長期曝晒在太陽底下，導致土地持續喪失地力的弱勢者，該怎麼辦？我完全無法因為我們的田得到水源而開心，卻因這樣的沙漠現狀深感沉重與憂心。

二〇一一年我造訪穆哈米德時，正逢上游水壩放水，聽當地居民說，許久以前在遙遠的高山上，每逢下雨，清澈山泉匯聚成河，直直流入沙漠，形成一座平靜無波的藍色大湖伊麗綺（Lac Iriki），孕育了魚兒、鳥、羊群與駱駝，一片勃勃生機，湖畔即可尋獲遊牧民族所有維生所需。河流經過的沙丘，形成大小綠洲，灌溉棕櫚樹與草皮，養育駱駝、驢子、羊群、鳥兒、魚兒與人類。

穆哈米德為古老綠洲，允許粗淺農耕，再加上放牧，尚可自給自足，只要不遇乾旱，在綠洲水草間移動的遊牧民族便不知何謂飢荒。然而，穆哈米德的灌溉水源皆仰賴來自高亞特拉斯（Haut Atlas）山谷的德拉河，約莫六〇年代，河流改變了方向，伊麗綺大湖因而枯竭，鳥飛羊死，徹底傷害並改變了當地遊牧民族的生活。

禍不單行，一九七二年，德拉河上游建蓋大水壩，攔截水源以供應大城瓦爾扎扎特飲水與工業發展，甚至希望蓋水壩可對抗沙漠乾旱化，當時的輿論莫不認為水壩建蓋有助地方發展，能讓貧瘠荒涼走向進步富饒。

然而，下游水量很快地明顯減少，水壩完工不到幾年又發生嚴重旱災，一九八〇年代後，灌溉水源幾乎全然枯竭，沙丘慢慢掩蓋了河道，綠洲也一個個消失了，水壩僅特定時節放下柵欄，提供綠洲農業灌溉。

水源不足自然重度影響農業發展，遊牧民族生計首當其衝，逼使他們放棄祖先流傳下來的經濟與文化形式，離開大漠與綠洲，走入聚落定居。

水資源爭奪戰中，沙漠遊牧民族與綠洲居民永遠是輸的那一方。近幾十年來，唯有山上下足了雨，儲水夠瓦爾扎扎特使用，水壩才會打開，將水資源與下游居民分享。至於水壩如何衝擊遊牧民族生計與傳統文化，甚至改變生態與地貌，所有故事只在民間流傳，上不了媒體，彷彿只是一場在沙漠不經意響起的耳語。

一般說來，大壩約每三個月放水一次，面對水資源分配，部落中人長年來早已藉由公開討論形成協議，什麼時候水流到哪戶人家的農田，誰可以享有多久時間，皆已訂出詳細行程，一旦得知水壩放水消息，聚落裡的男人往往全數下田，遵循水到的時間，半夜三更也拿著手電筒在田埂間忙碌，幾點幾分該打開哪兒渠道，又該關起哪個水流出口，一切按照步驟，清清楚楚，不容絲毫馬虎。

那回我正巧碰上來自大壩的水在日落後抵達，乾渴已久的綠洲農田終於有水灌溉，只見三、四個年輕男人為了整理灌溉渠道著實忙了一整晚，先拿起鋤頭將渠道挖開口子，慢慢將水順到田裡，再以鋤頭整理溼黏土壤，修補渠道，待土壤溼潤，便可種下小麥與蔬菜等。

當時我跟在幾個大男人身後，行走田埂與灌溉渠道間，聽著流水潺潺，閉上眼，真難相信自己離沙漠竟是那樣近！還記得我獨自站在渠道之間，四周一片漆黑，仰頭上望，天上星光無比燦爛，閉上眼，一股芳香撲鼻而來，慢慢地，我認出了那是屬於綠洲的獨特香氣。仔細聆聽，我聽見了麥田與棕櫚樹因水到來而歡喜，彷彿整個世界皆因水的灌溉滋潤而開心地顫抖了起來！

如今，面對極端氣候、乾旱肆虐下的撒哈拉，我焦慮悲傷，親眼目睹鳥兒們一聞到水的味道紛紛來喝水，在草叢樹苗間吟唱，竟有些泫然欲泣，卻也只是告訴自己：「再試試看吧，永遠不要放棄希望。」

支撐一個人於烈日下，站在乾枯龜裂大地持續耕耘下去的，不過就是這過程吧——在這個從無到有，從焦枯無望到綠意點點的過程中，真實體悟來自土地自身的力量如何支撐一整套生命系統，是而有了彎腰在土地上做工的理由。

望著拿起鋤頭在焦硬荒土上掘地以種樹的老邁遊牧民族，我心想，啊，人確確實實必須學著謙卑，畢竟到頭來，從來都是人得彎腰低頭向土地祈求，才有生的希望！

民宿種樹

在廢耕麥田種樹的立意雖好，但因土壤堅硬澆薄、水源不足且照顧不易，樹苗難以在嚴苛的自然條件裡存活。每一棵樹苗的枯死，都讓我心碎一次，亦覺難以對贊助者交代，從二〇一七年開始，我將種樹計畫放在「天堂島嶼」民宿裡執行，方便就近照顧，也暫停接受他人贊助。

打一開始我就希望民宿內能有一座綠意盎然的庭院，我們買來幾棵壯碩美好的棕櫚樹苗，由我決定每棵樹苗確切的種植地點，由貝爸與工人聯手種植，他老人家不時會來「關心」樹苗，幫忙整理、鬆土，更在樹苗旁種下一顆顆南瓜種子與小麥等，孫子們跟著忙前忙後，合力抬水灌溉，沙漠務農趣，潛移默化中。

撒哈拉氣候乾燥，病蟲害與雜草極少，綠洲農民撒下種子後，僅定期澆水並偶爾鬆土整理，無須農藥，所用肥料不過是羊糞混合麥稈。

沙漠水資源稀少，我盡量減少洗潔精的使用，將清洗蔬菜、碗盤甚至衣物的灰水，甚至是不用肥皂的淋浴水，不嫌麻煩地一桶一桶地蒐集，頂著豔陽一桶又一桶地端出去，倒在植物旁。

可再怎麼努力與堅持，只有草本科植物稍能帶來綠意，樹苗存活率依舊不如人意。我研究許久，判斷是土質過糟，偏偏沙漠什麼肥料沃土都買不到，只好用最原始的方式：將廚餘存起來，變成堆肥，同時戮力不懈地撒種子，試圖改善土質。

沒想到，這竟成了一場和貝桑家族之間的角力與文化衝突！

雖已定居綠洲，走入觀光業，貝桑家族的腦袋依舊遊牧民族，認為所有廚餘理應用來餵養羊棚裡的羊，畢竟羊長大了可以賣錢，哪管我家廚餘放我家，哪管我把廚餘藏起來，依然等不到廚餘變堆肥那天便進了羊肚。

我試著用羊糞施肥，貝桑嫌臭嫌髒，認為觀光客不會喜歡聞得到羊騷味的民宿。Well，我們民宿根本沒客人好不好！

在我勤加呵護下，小麥、高粱與瓜類種子逐漸發芽，攀藤類的哈密瓜枝葉茂密，開著黃色小花，瓜葉與蔓藤亦有助於保持土壤溼潤，尤其耐旱耐熱的高粱以茂密枝葉保護了剛種下的棕櫚樹苗，爾後可收割做為羊隻草料。

正當土質稍有改善，忽地，貝桑姊姊並未告知，直接走進民宿，將綠葉蔓藤割得一乾二淨，帶回去餵羊！我見著好不容易較為溼潤肥沃的土壤再度曝晒於沙漠豔陽與狂風下，欲哭無淚。對他們來說，那不過些許植物，給羊塞牙縫都不夠，對我來說，那是我不辭辛勞灌溉呵護才終於長出的一點點綠意，卻被毀於一旦，被帶走的，更是一整座森林的希望。

類似情事一再發生，他們無法理解我的小氣，就連青菜葉、幾根草都要計較，我則難以讓慣於遷徙的遊牧民族明白，扎扎實實在土地耕耘是何種生命狀態。

有一回，親族即將來訪，貝桑除了找人打掃民宿內外，還要他姊將我好不容易種出來的小麥與高粱全部割走，並用殺蟲劑噴灑土壤，責怪我因為種植植物讓院子裡多了不少蚊蟲，說會讓親戚笑話。望著瞬間一片光禿禿的院子，戮力「養土」的我真是憤怒又絕望。

現今，這類核心價值衝突仍不斷發生，幸好我們還是在民宿院子裡種活了少數幾棵樹，但離我理想中的「綠色天堂」依舊遙遠。

保護老樹

土地所有權與界限在沙漠是模糊的。

撒哈拉遼闊無際，界線不存，將廣袤土地切割、畫定疆界，並占為己有者，唯有人類。

早年遊牧時期，土地、牧草與水源等資源皆共享，一口古井，靜靜地在那兒，滋潤生命網絡，屬於所有需要一口清涼的生靈。近幾十年觀光業興起後，漸有居民在沙丘一帶建造簡易屋舍，提供遊客食宿，土地轉為私有制，雖然徹底改變了人與土地的關係，但在資源共享的大原則下，人們各自尋覓土地，加以利用，不識字且慣於遷徙的遊牧民族，不知何謂「地契」。

二〇一六年，我與貝桑愛上了大沙丘後方一棵高大絕美的古老檉柳。沙漠裡能長出一棵樹，多麼不易！

沙漠中的樹種極少，居民雖會在屋前及綠洲農田種植棕櫚樹、橄欖樹、無花果樹及杏樹等，但礫漠多半只見金合歡，檉柳則較常見於沙丘群周圍。

另一方面，一般印象中，仙人掌可說是沙漠植物的代表，在北非卻遠非如此。摩洛哥境內的仙人掌是外來種，於一七七〇年由西班牙殖民者從墨西哥進口植株到里夫山區，爾後擴散至大西洋沿岸的高原與平原等溼度較高的區域。初期做為屋舍及農田的籬笆之用，爾後因仙人掌耐旱、生長容易且種植後無須照顧，果實物美價廉，深受民間喜愛，乃大面積種植於碎石山坡上，漸成農家重要收入之一，可惜近年胭脂蟲（學名

Dactylopius coccus）病蟲害肆虐，造成大面積的仙人掌死亡，農損慘重。今日，摩洛哥全國各地都可見仙人掌蹤跡，極度乾熱且土質過於磽薄堅硬的撒哈拉反而相對不是那麼普遍。

沙丘後方這一棵盤根錯節，枝葉茂密，高大崢嶸的野生老檉柳，枝幹之粗壯巨大，可讓人走進樹裡棲息，在樹上攀爬，讓我想起龍貓酣睡的樹洞，樹齡即便未必千年，也應幾百歲了！

貝桑身為梅如卡在地遊牧民族，有權使用沙丘群一帶的土地，他夢想在老樹旁建造帳篷營區，或者清除樹裡的枯枝，鋪上地毯，可帶客人來此休息、用餐、喝茶，還想弄一個土窯，為客人烘烤麵包與柏柏爾披薩。

我呢，只願老樹與沙丘盡可能保持最原初的樣貌，若旅客能親眼目睹老檉柳獨特姿態之美，必能對撒哈拉的美與能量更有感觸，對地球的愛也將油然而生。

滿懷著愛，我們在樹旁種下幾棵棕櫚樹苗，在當地傳統裡，這是「此地已有人使用」的標誌。

梅如卡大沙丘群後方這一帶人煙稀少，生態本就特別敏感，又因鄰近阿爾及利亞邊界，摩洛哥政府禁止建蓋飯店，業者亦無土地所有權，只可搭建觀光帳篷區且營業行為不得傷害環境生態。儘管如此，隨著觀光客大量湧入，一家家大飯店紛紛據地為王，在沙丘後方規劃一座又一座豪華白帳篷，服務頂級貴客。

離老樹還有一大段距離，遠遠地，一處帳篷營區坐落在沙丘群裡，業主是碧霞家族。碧霞家族在梅如卡擁有一家大飯店，房間豪華舒適且附帶游泳池，以歐洲客群為主，經營得有聲有色，進而投資了兩座以上的帳篷營區，生意興隆。碧霞帳篷區與老樹遙遙相望，沙丘群蜿蜒起伏，擋住彼此視線，保有各自的隱密空間，不至於相互干擾。

哪知，隔天我們再回老樹，竟見碧霞二老闆尤瑟帶著數位工人，正在鋸一棵離老樹不遠的大樹，被鋸下的枝葉散落一地，甚至在沙丘稜線上排成一直線，據地為王的意圖相當明顯。

我一看樹木被鋸，怒火攻心，不加思索衝上前用手機拍照存證，痛罵他們不應該傷害沙漠裡任何一棵樹！尤瑟是傳統大男人，不屑和女人說話，對著工人狂罵我這外國女人無權干涉，應該滾出摩洛哥。

我說：「這和我是不是外國人無關，摩洛哥法律保護沙漠生態，今天你砍了樹，破壞生態，就是犯法。」

尤瑟說：「這樹是我阿嬤親手種下的，這棵樹與這一大塊土地都是我們家的，我想砍就砍。」

我回嗆：「這棵老樹早在你我出生之前就已經在這裡了，這樹不是你阿嬤種的，是阿拉創造的。」

「阿拉」兩字讓尤瑟愣住了，與工人悻悻然離去。

隔兩天，貝桑一大早就收到地方官員通知，接著我們就被軍方押著，挖出了才剛種在老樹旁的棕櫚樹苗。

整個過程在高壓氣氛與沉默中進行，曖昧詭譎，沒人對我們解釋什麼，沒人回答我任何問題。

狀似平靜的沙丘群，暗自波濤洶湧。多年過去的今天，我依然不解為什麼是軍方押著我們挖出樹苗，在行政效率不彰的沙漠為何能夠如此迅速處理。

接下來長達十個月無人驚動老樹，正當我們較為放心，二〇一七年底再回老樹探望，卻遠遠望見一輛推土機正大肆剷平離老樹約一百公尺的沙丘群，讓我們心痛極了！

沙丘具有儲水功能，孕育無數生命，剷平沙丘群等同破壞沙漠生態，推土機甚至將沙丘推成細沙矮牆，圍出遼闊無際的平坦營區。

走近老樹一看，赫然發現從碧霞帳篷營區到老樹之間，原本起伏錯落的沙丘群已被剷成平地，老樹茂密枝幹也被肆無忌憚砍了下來。碧霞飯店占用廣大土地不說，就連老樹也不放過！

貝桑氣極了，衝上去跟工人理論，工人對貝桑道歉，說他只是奉命行事，貝桑要工人回去警告碧霞家族，請他們不要再傷害老樹。

我有不祥預感，認為要更積極護樹，生性天真浪漫的貝桑卻要我放心，認為碧霞飯店不敢輕舉妄動。

過了幾天，我們驚訝地發現，就連圍繞老樹旁的低矮小沙丘群，不知何時已被推土機無情剷平，圍築成了一道沙牆，老樹枝幹被鋸，樹根因推土機而斷裂、暴露地表。自此，老樹附近的土地與碧霞營區相連，成為碧霞資產，代價是躲藏在草叢與沙丘裡的跳鼠、蜥蜴，甚至是小狐狸等沙丘特有物種，全沒了家。

當下，我眼淚掉了下來，貝桑憤怒地與碧霞員工爭吵，我趕緊錄影、拍照，相機的出現嚇得推土機司機馬上停工。

碧霞家族得知砍樹工程被我們阻擋，不屑與我們溝通，卻一一打電話給貝桑的哥哥們，想發動親族壓力逼迫我們放棄。好不容易與碧霞飯店小老闆艾里聯絡上，電話裡，艾里對著貝桑破口大罵，宣稱眼前一切全是碧霞資產，若我們膽敢放肆，他會殺了我這個多事的外國女人，哪天在路上遇到絕對開車輾死我！貝桑義憤填膺地問，憑什麼占了那麼大一塊地，卻不留一丁點資源給他人？艾里發現威脅無用，改口說若我們願意放棄老樹，他可以讓我們用旁邊那一小塊地，甚至願意分一點水給我們，貝桑悍然拒絕。

碧霞帳篷區停了工，這場爭吵在村裡掀起了不小波浪。哪管村民議論紛紛，說到護樹，我寸步不讓！貝桑家族好心提醒我不要單獨外出，以免發生意外。

僵持好幾天後，經由親族協商，說好了由貝桑大哥、一位與碧霞飯店關係緊密的親族、軍方，陪同我們與碧霞家族在老樹前談判。

我與貝桑一早依約前往老樹，寒風凜冽，漫天黃沙中，我一個人窩在樹裡，祈禱著談判不至於搞到血濺老樹。說我不怕自身安危，那是騙人的，但獨自坐在傷痕累累老樹裡，聆聽風的聲音，我內心的悲痛難以言喻。明明是沙漠美景讓觀光業者們致富，他們怎能對沙漠如此殘忍？地方官員為什麼悶不吭聲？沙漠瑰麗絕美，吸引無數旅客前來，若觀光業再不停止對沙漠生態的摧殘，未來還能在哪裡？

再度地，艾里虛晃一招，讓我們在樹下空等，顯然完全不把我們當一回事。

眼見老樹隨時可能因為人類的貪婪野心與現代器械而倒下，碧霞飯店勢力龐大，官方態度曖昧不明，偏偏身邊全是窮困又弱勢的遊牧民族後裔，幾經思索，我發現此時能與自己一同捍衛老樹與沙丘生態的，恐怕唯有國際網路輿論與鄉民正義。

我火速在《換日線》詳細寫下護樹緣由並公開碧霞飯店名稱，引起極大迴響，網友紛紛在飯店網頁給予負評，艾里倍感壓力，口頭答應與我們面對面協商。

爭取到時間後，我們決定盡快找推土機移除沙牆，破除碧霞飯店設下的領域疆界，將沙與土還給老樹。

貝桑打了無數通電話，沒有哪個司機膽敢和碧霞家族作對，全部推說沒空。我堅決地拿起鋤頭，一鋤鋤把沙子慢慢撥下來，真真實實地腳踩受傷大地，帶著愛，身體力行地為沙漠生態做事。

正當貝桑也拿起貝爸生前使用的鋤頭開始移除沙牆，手機響了，終於有推土機司機願意來上工！貝桑覺得父親一直和他在一起，很喜歡我們做的每一件事，話才說完便像個孩子似地紅了眼眶。

太陽快下山時，快累壞的我們準備收工，貝桑將斷裂的巨大樹根放在隔開大飯店豪華帳篷區與老樹的沙丘稜線上，劃清界線的意義強烈，也昭示著碧霞家族對沙漠生態有多麼殘忍。

這時，一輛吉普車遠遠朝我們前來，我提高警覺，深怕大飯店來尋仇，定睛一看，副駕駛座上竟是貝桑大哥！待他們下車，才知吉普車司機是碧霞與貝桑兩家舊識，原來司機和貝桑大哥受艾里委託，要我們放棄老樹。

貝桑和他們激動地爭論，我問：「艾里已經圈了一大片土地做為碧霞帳篷營區，為什麼連老樹周圍這一丁點空間都不肯放過？」

司機說：「艾里認為你們如果在老樹下搞東搞西，會吵到他們的頂級客人，影響他們做生意，希望你們離開，到其他地方想辦法。」

原來艾里真正目的不是老樹，而是想把周遭所有人都趕走，好占有遼闊無盡的土地！碧霞家族不要「貧窮鄰居」，只想要可以讓他們財源滾滾的「頂級貴客」，先是口頭答應讓步，同時卻又請貝桑大哥來叫我們放棄老樹、離他們的地盤愈遠愈好，完全是雙面人做法。

再一次，我與貝桑悍然拒絕艾里的無理要求。

碧霞家族持續向貝桑家族施壓，暗中找官員和軍警威之以勢，找貝桑親友動之以情，我們則寸步不讓。

網路輿論持續燃燒，艾里擔心失去客源，一再向官員軍警告狀，說我們為了一棵樹，藉由網路傷害他們的聲譽。官方雙手一攤，說網路世界不歸他們管。迫於無奈，艾里只好再度請貝桑大哥出面，說只要網路輿論能夠平息，願意放棄老樹。

抓緊網路輿論還能對碧霞家族施壓的時機，我們趕忙將物資運往老樹，但地處遙遠偏僻又必須穿越沙丘群，光是交通與搬運便相當棘手。

過了兩天，推土機終於前來，才剛剛開始剷除沙牆，我馬上聽見一輛吉普車從碧霞帳篷區那兒駛來，竟是艾里親自前來阻擋。貝桑和他激烈爭吵，兩人幾乎當場打了起來！

或許碧霞家族之前完全不把我們看在眼裡，也或許在當地傳統中，雙方協商是由有威望的家族長輩代為傳話且不與女人談，因此先前他們不願與我們直接溝通，只是不斷找人傳話。直到艾里終於現身，我這才赫然明白，碧霞家族從來不曾明白引發眾怒的是他們為了營利而砍樹、破壞生態，認為已經答應了我不再傷害老樹，網路負評卻不曾消去，是而認定我背信，大加指責。

聽著激烈爭吵，我獨坐沙丘，望著遠方的大沙丘。

寒風中，我清楚看見橫擺在眼前的事實：我們勢必得磨合出共識，避免兩敗俱傷，畢竟我們不可能移走老樹，而碧霞家族大肆拓展營區，新搭建的帳篷區緊臨老樹，利益驅使下也不可能遷移。然而，我們唯一能和碧霞家族角力、協商的籌碼，真真就只有網路鄉民的理解與支持，讓碧霞家族氣到跳腳的從頭到尾都不是我和貝桑的怒吼，而是網路負評瞬間打壞累積多年的商譽。

我走進老樹，靜靜坐在裡頭，想著《魔法公主》裡「難道人類生存與自然生態之間，只能是對立與衝突？」的議題。宮崎駿給我的啟發之一在於幫助我理解，所謂的「邪惡那端」其實很有可能只是在執行屬於他自己那一套的正義與理想。若沒有任何人願意坐下來，聆聽對方並試著理解，彼此各退一步，這世間將只會殺戮不斷，永無寧日。

我無法平息世間任何一場戰爭，但願意從「降伏己心」開始，不因憤怒而訴諸暴力，也願意給和平一個希望，即便最後還是難以對抗大飯店惡勢力，只願整個護樹過程激起更多的，是我們心中的愛。

終於，在網路負評壓力下，艾里親自出面協商。

雙方約好在老樹前商議，沙漠寒風又急又大，我與貝桑一早就到，卻枯等到近午才見一輛吉普車駛來。定睛一看，車裡坐了四個人：貝桑大哥、兩位親族長輩與艾里本人，顯然這回茲事體大，不得不出動雙方親族長者前來協助談判。

當地傳統男尊女卑，從沒女人說話的份兒，即便藉由網路力量來讓大飯店讓步的始作俑者是我，協商這事依然只能交由男性處理。我尊重當地傳統，耐心在車上等。寒風中，塵埃漫漫，只見一行人在沙丘上激動地交談。

好一會兒，待男人們達成共識，貝桑喚我過去。我走上沙丘稜線，主動與艾里打招呼。只見眼前一位風度翩翩、看似知書達禮且頗有領導者風範的青年才俊，完全可以想像歐洲遊客會多麼欣賞他的年輕有為，偏偏他正是數天前在電話中口出惡言甚至威脅取我性命的艾里。

顯然，艾里為談判做足了功課，早已用 Google 翻譯仔細讀過《換日線》文章，一開口就說撒哈拉是他的原鄉，比我更早關注沙漠生態，很清楚現行觀光模式對生態破壞極大，再耗損個五年、十年，這裡很可能就什麼都沒有了，他兩個年幼的孩子將無法如他這般以觀光產業維生，他無比痛心，因此在村裡獨排眾議，要所有帳篷區搬出沙丘群，反對橫行無阻的沙灘車、飯店毫無節制取用沙丘儲水等。

我笑一笑，談吐文雅且用字精準的他看來非常清楚現行觀光產業對沙漠生態的摧殘，卻仍不妨礙他在「整體生態」與「自身財富」之間選擇犧牲前者。

我問：「既然在乎沙漠生態，為什麼要砍樹、剷平沙丘呢？」

艾里說：「整地搭帳篷區的大飯店不只我們，沙丘群一帶的帳篷區何其多！現代消費者就是偏好舒適高級的豪華白帳篷，如果我們不提供這樣的服務，就沒生意了。」

我說：「這依然無法合理化你們摧殘沙漠生態的行為呀！」

艾里說：「我們父祖輩早就向遊牧民族買下了這塊地和樹，這裡全是我們家的資產，當然有權力自由運用，想怎麼砍樹就怎麼砍，況且遊牧民族本來就會整修樹木，好讓樹長得更好一些。」

碧霞家族購地一事極可能是艾里胡謅，畢竟遊牧民族多是資源共享，鮮少有土地交易的概念，他更不時以「我是在地人，妳是外國人」暗示「我比妳懂」。至於自由砍樹的權力，絕對是他說謊！遊牧民族整修樹木時，完全不會像他們這樣砍伐仍然帶著綠葉、強壯健康的樹枝，只會稍微清除枯枝。

我知此時不需和他爭論，只說：「無論如何，摩洛哥法律保護自然生態，您的行為是無法通過環評的。」

艾里一聽「摩洛哥法律」與「環評」這幾個字，知道我不似未受教育的遊牧民族好糊弄，態度迅速軟化，馬上點頭答應我不再動老樹與鄰近土地，並請我呼籲網友刪除負評，我欣然同意。

雙方終於達成協議，以隔開豪華帳篷區與老樹之間的沙丘稜線做為邊界，從此井水不犯河水。

擴大營區的計畫被迫放棄讓艾里不甘心，臨走前不忘嗆貝桑：「這棵老樹下的地，就留給你去養雞吧！」

在他眼中，碧霞家族有能力在沙漠經營豪華帳篷營區，我和貝桑只能養雞！

一與碧霞飯店達成協議，我們立即執行進一步的護樹工程：推倒沙牆。

在貝桑指揮下，推土機趕忙推倒沙牆，將沙土移至老樹周遭，好讓斷裂樹根不再暴露地表，盡量恢復沙丘原狀。已然破壞的生態需要時間恢復，放手讓土地強大的自我療癒力運轉，我們相信只需幾場颶風，滿目瘡痍的沙地終將回歸為起伏蜿蜒的潔美沙丘。

附近一位遊牧老人好奇跑來觀看，對於仍保有「分享之心」的遊牧民族來說，他們很難理解觀光產業愈形興盛將壓縮自己在沙丘的生存空間，理應共享的土地正迅速為一座座大飯店的豪華白帳篷占據，甚至是以摧毀生態的方式經營。

沙牆倒下後，接著便是在老樹前搭建一座帳篷，守護老樹與沙丘群生態，不讓大飯店再越雷池一步。

礙於財力，我們僅購買了一頂黑帳篷與幾根木頭，請貨車運來後，便由家族長者與小孩群策群力地在老樹前架帳篷。

是日，老樹前方極為熱鬧，貝桑兩位年長親族帶著三個男孩，以遊牧傳統手作方式，慢慢將帳篷搭了起來，那是遊牧傳統技藝的分享與傳承，更是對撒哈拉原鄉的愛。刻意帶上孩子們是想讓他們跟著長者學習，引領孩子加入護樹行動，同時增加對沙漠生態的了解與敏感度，畢竟孩子們才是未來將在這塊土地生活的一代，唯有當他們心中對沙漠有愛，在這塊土地上的行動才可能帶著愛，進而善待這片土地上的生靈。

搭建護樹帳篷時，兩位長者趴在地上，手持釘狀物，慢慢在沙地鑿出支撐帳篷支架的圓洞，男孩們協力將木頭鋸成適當長度，再放入圓洞中，豎起並填入泥土做固定，接著將兩根木頭交疊，橫放在豎起的木頭上，再以鐵絲纏繞、固定，如此便成撐開帳篷的樑，最後攤開厚重的帳篷長布並鋪在木頭骨架上，再做固定，一頂傳統遊牧民族的黑帳篷便在那裡了。

這頂黑帳篷宛若一場宣告，昂然架在傷痕累累老樹前，唐吉軻德似地面對巨龍，說什麼都不願在強權面前低頭，搖搖欲墜中，仍是生命的昂然不屈。

離老樹與黑帳篷幾步之遙，便是碧霞帳篷營區最外圍的現代帳篷骨架，原本蜿蜒起伏的低矮沙丘群早已被推土機無情鏟平，周遭一大片土地相當平坦，待營區搭建完成，一頂頂五星級豪華白帳篷絕對可讓碧霞家族賺得盆滿缽滿。

沙丘稜線兩端，一邊是古老野樹與家族搭建的簡易帳篷，另一邊是昂貴現代的豪華白帳篷，對照之下，宛若「富貴權勢」與「窮困弱勢」兩個極端。

種樹以護樹

二〇一九年可說是沙漠觀光業達到高峰的時期，前景一片看好，沙丘上，黑帳篷、白帳篷、越野車與觀光客迅速取代野生動物，趕走撒哈拉特有的空曠靜默。

二〇二〇年初春，我們回老樹探望，無奈地發現沙丘群上滿是垃圾，就連老樹的枝幹都塞了不少空酒瓶與空罐頭。遊牧老人跑來告狀說，一群西班牙觀光客騎著越野車來跨年，在老樹附近紮營，老人見他們騎著越野車在沙丘上橫衝直撞，特地跑去告誡他們，這地這樹有人保護，請他們離開。

我和貝桑清理許久，終於把原本的潔淨還給沙丘與老樹，兩人商量後，決定在這一帶鑿井、種樹，以人工種植的樹苗保護天生天養的老樹，若一直讓地空著，碧霞家族可能又起邪心，不請自來的觀光客也可能傷害老樹與生態。

這決定也讓我們的沙漠種樹計畫進入第三階段：以樹護樹。

我們找來鑿井工人，在老樹鄰近處成功挖到水源，貝桑又另找專業工班搭建水泥井身與水塔等後續工程，還親自和表哥一起用木頭、竹子與帳篷在樹旁搭了個簡易棚子，裡頭放些必要工具等。

待井身與水塔完成，貝桑買了陽春型馬達，將井水抽到水塔上，安裝簡易滴灌系統以灌溉樹苗，還弄了個水龍頭，方便取水。

這些工程看似簡易，僅能滿足最基本的樹苗灌溉需求，卻已耗盡我們相當多時間、精力與資源，畢竟老樹極度偏遠，得請底盤高、馬力強且輪子大的貨車穿越多種沙漠地形，才能運來木材、石頭、水泥、模具與滴灌系統等建材，每天早晚兩趟工班接送則由貝桑負責，最後還得再請大車載來笨重水塔，推高置於水泥塔上。

在沙漠深處，這類基礎工程的艱難度完全不是外人可以想像。好在工人很厲害，善用貝桑載來的木頭，就地做成長度適中的木梯，靠在水塔上，就可以爬上去清理水塔裡的雜物，不需要時便收到帳篷裡。

待馬達將井水抽起，注入水塔，只需打開水塔下的水龍頭，便可獲得乾淨水源。滴灌系統還能減少耗水量與灌溉難度，有助於提升樹苗存活率。

護樹即護生

世間沒有哪一場夢想是廉價的，尤其關乎環境與公共議題時。二〇一四年開始在沙漠種樹以來，種死的遠比倖存的多上太多，每一棵樹的死亡都讓我黯然神傷，但我沒有放棄，持續反省、學習並調整，轉化失敗經驗成為下一場行動的養分。

初期我們沿用傳統，在種下的棕櫚樹苗外圍包裹破布，減少豔陽曝晒、水分蒸發與沙塵暴帶來的危害，同時避免粉塵卡在樹裡。幸有這層保護，多少有幾棵樹活了下來。二〇二〇年，我們同樣為每一棵種在老樹旁的樹苗做足保護措施，棕櫚樹苗依然以破布包裹，橄欖樹苗用乾草，尤加利樹苗用蘆葦籬笆。蘆葦生長迅速，在山區及沙漠使用廣泛，價格便宜又輕，還能生物降解，廢棄後則是最佳柴薪，不會給沙漠生態造成負擔。我們向小城商家訂購，運抵村子後再想辦法穿越沙漠多種地形，運往沙丘後方的老樹。

種樹是相當倚靠體力的粗活，我們請了幾位經濟狀況不佳的朋友來幫忙，讓種樹行動也能創造一點工作機會給需要的人。

井鑿了，水塔建了，滴灌系統做了，樹苗種下去了，蘆葦籬笆圍好了，還得用鏟子將沙子圍在竹籬笆底部，嚴密固定，才能抵擋沙漠狂風與沙塵暴，而且每隔一陣子都得重新整理，因為整座沙漠是流動的，水會蒸發，籬笆會倒，沙丘會移動。

有了蘆葦籬笆這層保護及滴灌系統的滋潤，樹苗較易存活，但最辛苦磨人的依然是漫長的照顧過程，尤其是極度酷熱乾燥的沙漠盛夏，白晝高溫將近五十度，沙塵暴不止，整座沙丘會燙人，也是樹苗最容易死亡的季節，更不能疏於灌溉及照顧。我把這一切當修行與自我磨練，陪伴樹苗成長，度過難關。護住樹苗，便是護住了希望與生之網絡。

另一方面，我雖然喜歡老樹，也鑿了井，種了樹，但除了種樹、保護這塊土地不受人類傷害，沒有太多特別的想法，更別說投資。等到二〇二〇年疫情一來，我們沒投資、沒員工要養，經濟壓力相對較小，來老樹這裡晃晃，為樹澆水，讓整個心淨空，反而獲得了一股清新的力量。

我們坐在沙丘上，享受了好一段寧靜。

望著遠方巨大沙丘與連綿起伏的沙丘群，我深知眼前一切永遠變幻莫測，如夢幻泡影，只需幾場颶風，沙丘隨即改變，甚至移位，人在沙漠行動，到底還有什麼可以堅守不放的？

然而，這並不妨礙我們帶著愛，盡一己之力，為人與土地做些事，甚至將所發生的事以及自身經驗分享出去。再怎微薄且看似徒勞無功的努力，都能為這世界的改變注入一絲希望，如果為土地與人付出的過程能激起我們心中更多的愛，便也就是了，結果成敗完全無損過程裡的價值。

曾以為舞蹈是神給我最美的禮物，萬萬想不到當舞蹈讓我愈來愈痛苦，終究毅然決然地轉身離開，祂竟許給我整座撒哈拉的精彩絕倫，向來是這塊土地支撐著，讓我一路走到現在，而我也以生命盡力回報土地給我的愛。

為沙漠種樹，去照顧身邊需要的人，就是我回報土地給我的愛的方式之一。

曾經，我以為是我在照顧人與土地，疫情爆發後，沒了導覽工作與收入，難免焦慮心慌，仍是同個我，持續照顧樹苗、為樹苗灌溉的行動讓我感受到，自己依然好好地站在土地上，與土地有所連結，連結到生之網，無論疫情何時平息，疫後的世界將是什麼模樣，生命就是在那裡，好好地。

這塊土地與這裡的生活方式，讓我更加敏銳地覺察到人與土地的關係，以及土地如何孕育萬物，讓生命延續，無盡給予。

終究是土地默默支撐著一切。

撒哈拉已經連續好幾年都是旱年了，雨量出奇地少，夏季愈來愈早開始，明顯愈來愈長，乾熱得兇狠猛烈。無雨，梅如卡附近的湖泊便也消失，湖泊上的水鳥與火鶴早不知去向。疫情讓全村收入銳減，沒了水草，牧羊人與駱駝伕更加辛苦。

世態愈是炎涼，愈需要在生命、美好與希望上做工，為的不是拚個「樹種了幾棵」的「量」，或任何世俗利益，更非追求「化沙漠為綠林」的虛幻傳奇，自始至終，不願放棄的，依然是自己的善念，一份「初衷」，我依然記得自己為什麼回沙漠，而我心裡的那份「初衷」依舊。

有天當我離世，陪伴著我的會是這份「初衷」——或許也將在沙漠留下幾棵樹，參與著地球生之網絡。

眾人聯手搭建的簡易黑帳篷，守護著老樹

樹苗種下後，需以牛皮紙或破布包裹，保護樹苗不受沙塵暴等侵害，提高存活率

載水來灌溉樹苗的水車

樹苗種下後，必須在周圍挖一圈凹槽。灌溉時需讓凹槽裝滿水，土壤把水喝足了，樹苗才有水喝

民宿院子土質不佳，樹苗存活率低，我在樹苗旁種植小麥及高粱，既可庇蔭樹苗，又可改善土質

↑↑ 貝爸田裡因為種了棕櫚樹苗而有幸得到政府發放的上游水源

↑ 灌溉後，小麥在棕櫚樹苗間茂密生長，綠意盎然

↖從老樹裡望向沙丘一景

↗走進老樹，宛若走入一座森林

↖原本起伏蜿蜒的沙丘群被推土機剷平，甚至堆成沙牆

↗沙丘上的大樹被齊根砍去

↑老樹旁的沙地上，無處不是推土機輾過的無情痕跡

↑↑ 在老樹前種樹以護樹

↖為了滴灌系統能夠運作而特地架設的水塔

↗以蘆葦籬笆圍住樹苗，避免沙塵暴侵襲與動物啃食

左側是碧霞飯店擴增的帳篷營區，右側是我們奮力護下的
老樹與黑帳篷，中間僅隔一道低矮沙丘

從土裡長出來的「天堂島嶼」

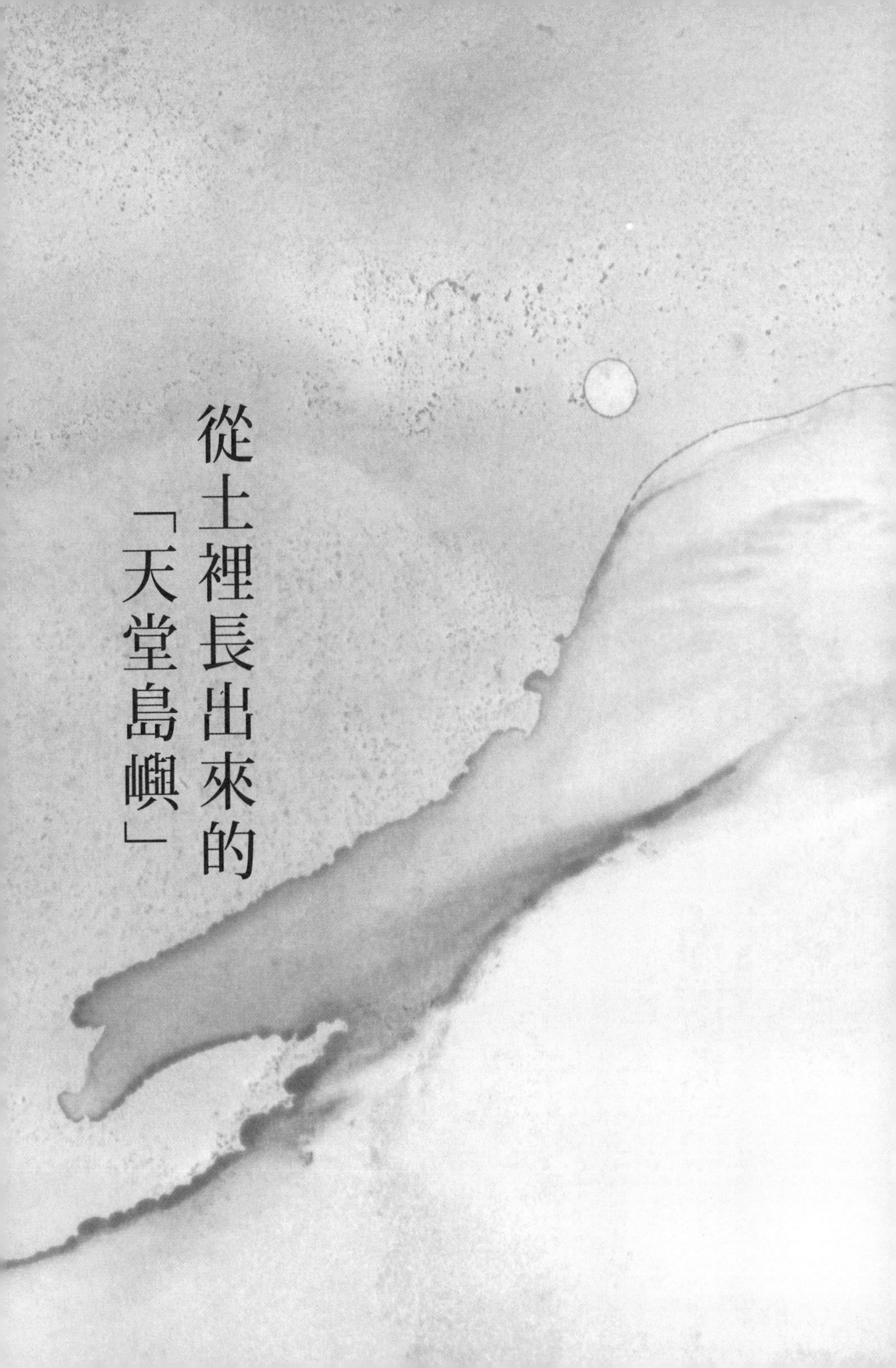

回沙漠定居，首先得解決的便是現實謀生。旅遊業是摩洛哥國家經濟支柱之一，占國內生產毛額百分之十二以上，相關從業人員極多，梅如卡更是沙漠旅遊最具代表性的重鎮，全村仰賴觀光業而活。但我和貝桑都沒有旅遊業實戰經驗，貝桑向來是個邊緣打工仔，我骨子裡甚至對旅遊業懷有敵意。

貝桑家貧，食指浩繁，我積蓄不多，討論後，貝爸願意讓我們在家族老宅後方的空地上蓋民宿。

二〇一四年春，帶著不多積蓄、朋友贊助與初生之犢不畏虎的勇氣，我開心地回沙漠打造一塊夢想園地，想讓志業就從一間民宿開始，讓民宿成為創造改變的起點。

我希望這間民宿是「綠建築」，數間客房圍繞著綠意盎然的庭院，寬廣沙龍可展示遊牧文物、辦工作坊，允許多方交流，甚至讓孩子們來這兒上課，讓造訪者不僅可滿足在沙漠食宿基本需求，更能真實感受沙漠豐富人文與自然之美。

樸門「向大自然學設計」的概念讓我極度嚮往，構思整個民宿座向與空間配置時，我將沙漠四季風向及太陽運行軌跡等自然因素放入考量，渴望庭院宛若綠洲，抵擋夏日豔陽與沙塵暴侵襲，保有水氣並調節溫度。

在沙漠，只需重拾北非傳統土夯築屋法，即是「綠建築」。

北非特殊傳統建築形式為古堡「卡斯巴」（kasbah），夯土為牆，以抵擋沙漠豔陽焚風，以木為樑，鋪上蘆葦及黏土做為屋頂，夏季可將白晝熱氣擋在屋外，入夜後，土牆散熱遠比水泥磚瓦迅速，入冬則能抵擋曠野寒涼，是更適合沙漠氣候的建築方式，整體費用亦較低廉。

穆哈米德已荒廢的諦傑姆（Tighermt）古堡便由未經窯燒的黏土磚所砌成，內有井水，擋風遮陽的功能極強，能為在乾旱沙漠四處尋找水源，或因沙塵暴而不得不遷徙的遊牧民族提供和平避風港，過往曾經保護遊牧民族與動物不受寒冷、烈日、乾旱與各種威脅的傷害。「tighermt」柏柏爾語意即「強壯的屋舍」，可容納五十人同時居住。

然而，土夯建築正迅速被淘汰，人們偏好水泥磚塊的現代建築，專職師傅亦逐漸減少，貝桑四哥在旅遊業打滾許久，建議我們蓋現代建築，除了較能防雨，也更能吸引住客。

想到沙漠地區並不生產水泥與紅磚這些「現代」建材，加上運輸費用，價格頗為高昂，考量有限預算及綠建築的夢想後，我堅持採用傳統土夯築屋法，一切以自然建材為主，只有地基採用石塊水泥及鐵條，萬一大水淹來，土牆不至於崩壞。

而從地基工班、民宿土牆工班，再來是屋頂及內部裝潢工班，我也親眼目睹了一棟屋舍如何經由傳統建築手法，從土裡緩緩捏塑而生。

揉合了大地與勞動的土夯建築

家族老宅後方的空地上，長期以來唯有雜物與一座破舊又不時飄著騷味，以土磚、木條與竹子搭建的簡易羊棚——貝桑家雖因乾旱定居梅如卡，走入觀光業，家中依然飼養著幾頭羊兒——外加數道將偌大空間切割得破碎凌亂的低矮土牆。

貝爸同意我們拆除羊棚，移到民宿牆外，我們也同時決定拆除那幾道矮牆，清出完整空間，重砌一道土牆，將民宿與家族活動空間區隔開來。

沿著外牆，我們將依序建造六間客房、沙龍與廚房，中間則為庭院。如此一來，外牆可抵擋風沙太陽，保護客房與庭院植物，融合古堡「卡斯巴」與安達魯西亞庭院風格。

首先運來的是興建地基的水泥和大石塊。

望著工班在豔陽下揮汗，沿著我和貝桑在硬邦邦土地上畫出的線，只覺往土底牢牢打去的，是我在沙漠埋鍋造飯的決心。

地基蓋好後，貝桑打電話請司機運砌牆用的建土。

還記得那是清晨，天微亮，我聽到牆外傳來引擎聲，開門一看，一輛卡車正緩緩將一整車土壤傾倒在門前，待土壤落地，司機迅速倒車，跑得不見人影，連工資都沒領。據說這些建土來自鄰近一帶的空地或是乾枯的湖泊，政府雖未明文禁止，但若遇到警方盤查恐被刁難，所以司機總選在破曉或日落時分送貨，深怕引人注意，一旦任務完成就趕忙離開。

貝桑找來幾個家族壯丁，一鋤鋤敲下羊棚土磚牆，羊兒紛紛好奇探看，貝爸也沒閒著，趕忙餵羊、清理羊棚內部。

不一會兒，貝桑哥哥的兒子們也加入拆除大隊，只見十來歲的男孩身手矯健地爬上矮牆，掄起鋤頭，精準地一塊塊敲下土磚，另個男孩忙著用推車將土磚載到新羊棚預定地，年紀更小的男孩則幫忙搬土磚。

粉塵瀰漫中，孩子們在陽光下勞動著，那不是「工作」，而是以身體、以人類發明的工具，正跟土地玩耍呢。家族小孩習於身體勞動與團隊合作，在拆除土牆的爆發力裡，在搬運土磚的律動中，身體與勞動所展現的是土地的能量，也是貼近自然的脈動。

不多時，陳舊羊棚隨即傾圮，整個空間瞬間清朗，允許夢想種子在此發芽。敲下的土磚成為散落一地的碎土，男人們拉來水龍頭，注入清水，均勻攪拌，堅硬碎土隨即化為溼潤黏土。貝爸彷彿見著老朋友般，雙手捧起，滿是感情地將之放入長方形木製模具，以手壓實，重新做出一塊塊完整土磚，待太陽將土磚晒乾，即可用來砌築新羊棚。

傳統土夯建築相當堅固，成本低，一旦傾圮，塵歸塵，土歸土，不留下垃圾，亦可重複利用。

等待新塑土磚變乾變硬的同時，眾人慢慢清除院裡陳年雜物，原本凝滯的能量也流動了起來，所有人都不自覺地笑了。

傍晚，男人們收工，拿起水龍頭洗去身上汙泥，每一滴水莫不落在即將用來蓋民宿的建土裡，沒有一滴水被浪費掉。忽地，我心中一個念頭閃過：土夯建物製造者其實是大地、陽光、水與風，爾後才是人的勞動。

緩工關鍵在於「人」

接下來，土牆工班上工。

夯土師傅每天上午帶著工班前來，多時四人，少時兩人，視當天工程而定。師傅先將兩條長長的木製模板固定在地基上，形成長條型模具，待助手以手織草籃將黏土一籃籃倒入模具中，師傅再以木樁夯實。帶著溼氣的黏土夯成一層土牆後需靜置一到三天，待黏土乾燥、土牆硬化，才能再往上夯一層。

師傅傍晚下工後，貝桑爸媽會來巡視，歡喜地撫摸甚至拍打建築中的土夯外牆，對土牆的堅硬厚實相當滿意，露出驕傲的笑容。貝爸更裡裡外外忙個不停，又是搬運建材，又是整理庭院，開心地參與其中，見老人家笑了，我心裡也較踏實些。

然而，整體工程進度遠比想像中緩慢，走走停停，說好送建土來的司機到了約定時間卻不見人影，好不容易接了電話又語焉不詳。沒建土，工班來了也沒用，自然離去。

終於，某日傍晚，神出鬼沒的司機忽地載來一車建土，貝桑趕緊打電話給工頭，雖然天都黑了，工頭還是趕來將水和土壤混合，潮溼的土壤需靜置一夜才能築牆。本以為隔天就可以繼續，想不到竟然輪到工班失蹤，甚至拒接手機，足足讓我們空等好幾天後才翩然出現，連句解釋也沒有。

我經常處於五里霧中，從不知工程何時可以持續進行，何時又會突然中斷。

有天，工頭向貝桑告狀，說他在清真寺遇到司機，問對方為什麼遲遲不肯送建土過來？司機原先支支吾吾，最後惱羞成怒，說他不可能載土來給我們，還威脅工頭不可以幫我們築牆，因為地方小官正在注意我們，誰幫我們誰倒楣。

貝桑和工頭推測，應該是司機接了太多訂單，消化不完又不肯放，才會一再食言。至於司機口中的「地方小官」呢，還真有這麼一號人物。據說無論擴建或翻修自家屋舍都必須向地方政府申請許可，雖說遞件免費，但誰都不知何時才能拿到許可，村民抱怨連連，卻也無可奈何。

我很困惑，村裡明明好幾間水泥洋房，樓高好幾層，這些人的建築許可哪裡來？眾人給我神祕的微笑，暗示我那都是「檯面下的交易」，外人無從得知。我說：「如果賄賂就能蓋房子，那你們直接告訴我該給誰多少錢好了。」大家紛紛搖頭，直說賄賂是犯法的，政府抓得很嚴。

呃，那麼那些人到底是怎麼拿到建築許可，成功蓋房子的呢……

工程停停走走。時常，貝桑一早醒來，沒見到建士也沒工班，電話開始一通一通打，催司機、找工頭。順利時，工班平均每兩三天上工一次。

在無盡等待與不確定感的折磨中，好不容易，土牆只剩最後一層便可搭建屋頂，工班竟然失蹤！

貝桑趕緊打電話，三催四請，工頭回答模稜兩可，唯一確定的是今天不可能來。貝桑氣極了，說：「工班不做，我自己來！」隨即打電話叫朋友來幫忙，兩人拿起工班留下的板模、草籃和大木槌，爬到牆的最高端，忙活起來。不僅引來鄰居好奇趴在矮牆上觀看，連貝爸都來幫忙修補裝土的草籃。

兩人剛剛夯完一小塊土牆，一位陌生的先生來了，貝桑從牆上下來和他談了許久，失望收工。

原來，陌生先生就是傳說中的「地方小官」，特地跑來「關切」，還對貝桑說：「這工程也進行好一段時間了，不管你們築牆的真正目的是什麼，我就當屋舍內部整修，給你們一個方便。我已經很寬容了，但你們得低調進行，三兩天施工一次我還可以接受，天天施工可不行，太張揚了。」

一番話聽得我一愣一愣，完全無法理解當地風俗裡的邏輯，只能接受。

既然無法施工，我和貝桑乾脆進城採購屋頂與天花板所需建材。

我們搭車前往四十公里外的小城里薩尼（Rissani），貝桑問了幾個人，順利找著建材專賣店。鋪子外觀毫不起眼，走廊下凌亂地堆放數捆麥稈，一身長袍的老闆坐在門口打盹兒，被我們的腳步聲驚醒後隨即起身，笑容滿面地招呼。

隨著老闆走入店內，只見木條依長短粗細分區直立靠在牆上，穿過中庭，一院子木頭、蘆葦與麥稈在陽光下閃閃發亮，我竟一陣悸動！

所有從土裡長出來的，莫不是大自然的美好賜予，也似乎唯有傳統建築形式才真能珍惜凸顯這份大自然的絕美禮物。我們規劃建造的一間小房屋頂所需的木條約需五公尺長，一棵樹需要幾年才能長到五公尺高？我真的不知道。

待我們選定、付費後，老闆幫忙找來了貨運司機，見著工人合力將木頭一根根抬上車，接著是一捆捆蘆葦與麥稈，我深深感受到人活著，每分每秒都在蒙受天地的賜予。

豪雨的啟示

外圍土牆建好後，也得決定大門方位。

北面土牆外是一條寬敞大路，雖未鋪上柏油，車輛往來頻仍，也是雨來時的「河道」，水會沿著這條路流向不遠處的棕櫚樹園。

討論後，我們決定在北牆上打一道門，面向寬敞大路。

牆外一棵數十年的美麗檉柳恰巧就在門中央，貝桑四哥認為這樹不值錢，插枝即可繁殖，移植活不了，砍了算了。我捨不得，堅持原樹保留，無論樹種是否「值錢」，

「時間」都無法購買，更不願意任何一棵樹因建造民宿而倒下。

四哥對我們民宿唯一的「貢獻」便是建議源源不絕，偏偏他下的指導棋與我的夢想總是反方向。雙方堅持不下，幸好工頭經驗老到，建議縮小房間大小，將大門稍往左移，如此一來，一走進大門便能看到寬闊庭院，整體感更好。

只見工人費力將土牆鑿出一個大洞，再細心熟練地用土塊鋪成方便卡車出入的小徑。貝桑找來一塊廢棄門板，權充臨時大門。

民宿終於有了正式出入口後，貝桑提議在土牆外再壓一層土，堆高地基，以免大雨來時，路上積水，侵蝕土牆。

我不以為意，畢竟沙漠少雨，我可還真沒見過河流在沙漠氾濫成災的樣子。

不料數天後，忽地來了場夾帶雷電的滂沱大雨，約莫一小時後，一條小河流過門口，孩子全跑了出來，歡樂地玩水嬉鬧。

水的到來讓沙漠不再枯槁，卻也威脅人類屋舍。

突如其來的豪雨從家族土夯老宅的屋頂與大門縫隙灌進屋內，混著泥土的水流沿著土牆不斷滑下，地板滿是泥水，整間土厝似乎隨時都可能崩垮。男人忙著用鏟子將土壤鏟到屋前抵擋水的侵襲，女人一桶桶將屋裡的水往外倒。見眾人手忙腳亂，我生平第一次如此強烈感受到，人活著，能有一個足以抵擋風雨的安全屋舍是多麼地奢侈幸福。

事實上，就連剛用土磚砌好的羊棚都難逃淹水命運，羊兒們無辜悲戚地看著我，也益發讓人擔心已經築好土牆但尚未蓋屋頂的民宿客房。用手一摸，滿手泥濘，感覺整面土牆隨時都有可能瞬間在雨中歸塵歸土，化為烏有！這才明白為何村裡人若手頭有點閒錢，莫不建造水泥磚房。

過了一夜，水漸退，家族老宅周遭與庭院仍然滿是泥濘與積水。男人用鏟子和鋤頭挖出一條溝渠，將水慢慢排出院子外，就連七歲小男孩都奮力地用鏟子將泥土鏟入推車，再推到庭院，想靠自己的力量減輕積水。

我很好奇他會怎麼將土掩蓋到積水上。呵！可惬意呢！只見他舒舒服服坐進推車裡，邊玩邊笑地把土一把把撥出推車外，或往天上撒，偶爾落在身上的泥土只是讓他玩得更開心！大人「保衛家園的工作」之於這孩子，是一場和工具、和泥土、和創意玩耍的遊戲，在不知憂愁，百無禁忌地把玩泥濘中，認識著水及土地。

我開玩笑地要男孩幫我們民宿築土牆，一天工資一塊錢！

他開心地點頭，當天傍晚便跑來找我，一臉嚴肅又認真地說，他明早要上學，下課後就會立刻來上工！隔天一大早，他真的帶著圓鍬、推著推車來敲門，說他準備好了。

貝桑要他回家，他哀怨地說：「拜託讓我為你們工作啦！我不拿錢，給你們做免費沒關係！」

一場豪雨，照見了「水」的問題在沙漠如此多層次，除了「乾旱」或「缺水」，大水來時人們如何因應自然人文，與水相處？這當中呈現的是人與大自然的關係，以及人該如何因應這樣的客觀外在環境，與自然和諧相處，於天地安身立命。

這場豪雨也讓我們當機立斷，決定在民宿圍牆外堆一層厚土，保護土夯圍牆不受雨水侵害。

待卡車將護土送來，推土機隨即上工，以保留下來的那棵檉柳為中心，幾回俐落來去，將土推到最能保護圍牆的地方，築成一個堅硬平台。如此一來，民宿外圍可以種樹種花，若遇大雨，就連土坊厝也不怕大水沖刷而傾倒！

專業的內部工班

總算，民宿土牆完工，內部工程卻得再另覓專人。

貝桑打了無數通電話，無人能夠上工。

這才聽說地方小官之前時不時阻撓民宅工程，遲遲不肯核准建造申請，就和我們被刁難一樣，直到前陣子村裡某戶人家進行房屋增建，地方小官恰巧巡到，撞見夯土工人站在高牆上施工，厲聲要工人馬上下來，工人受到驚嚇，一個不小心失足摔下，一命嗚呼。這下小官麻煩上身，被抓去蹲牢房，所有人趁著新官尚未上任的空檔大興土木，導致建材供不應求，所有建築工人都忙得不可開交，連工資都上漲了。

貝桑四處打聽，終於找到了專精飯店建造工程的阿吉師，由他負責搭建屋頂、門窗安裝、抹牆、衛浴建造與水電等內部工程。

敲定工作內容與費用後，過了幾天，阿吉師帶著徒弟前來。師徒二人相當專業，一來就在土牆上搭建屋頂，兩人合力將一根根木材往屋頂放，再塗抹混有麥稈的泥土做為初步固定。徒弟在牆邊向上拋丟一塊塊紅磚，在屋頂的阿吉師熟練地接住、安置，爾後徒弟再將水桶裝滿混有麥稈的泥土，用繩索拉上屋頂，手法相當傳統且依賴人的勞動。

每天清晨天剛亮，他們師徒便來上工，約下午三點收工。阿吉師出身遊牧民族，乾旱迫使全家走入綠洲定居，先前賣過化石、當過駱駝伕，約莫二十年前一場因緣際會下，他跟著一位老師傅習得了建造屋舍的專業知識，這才找到自己的一片天，讓天生的藝術氣息與對美的直覺有了更大的發揮空間。村裡有能力依照飯店規格建造屋舍的師傅僅約三、四個，阿吉師據說是當中最厲害的。

阿吉師說：「我的工作就是蓋土坊厝，傳統房子有許多現代水泥屋沒有的優點，冬暖夏涼，很舒服！相反地，水泥屋一到夏天，整個牆面燒燙得跟火爐一樣。」

待屋頂蓋好，一走進去，我立刻感受到一股極為溫柔細緻的清涼湧來，好像走進大地懷裡那般叫人喜悅，彷彿地球正給出全部的愛來擁抱著我。

手工地磚與化石洗臉檯

民宿客房雛形漸具，我希望能在預算內打造一座美麗、雅致又有獨特風格的空間。以地磚為例，現代屋舍多使用歐式瓷磚，可我偏好由專業師傅一塊塊手工製成的傳統地磚，更希望「在地需求，在地解決」。

我們一大早就搭車前往里薩尼訂購傳統地磚，只見小小鋪子裡滿是粉塵，三位師傅正在工作桌前忙著製磚。一位師傅熟練地用刷子清理正方形鐵製模具，放在桌上，接著將花型鐵製模具放在正方形模具上，依照想要的圖案緩緩倒入顏料，輕輕搖動，好讓顏料均勻分布，隨即取出花型鐵製模具，這時地磚已有花紋，師傅再度輕搖模具，灑上乾水泥直到滿，再放上一塊與模具吻合的鐵製物品，最後整個送入機器裡重壓數秒再拿出，依序拆解模具，一塊傳統水泥地磚即製作完成，靜放數日，乾燥後即可使用。

師傅們雖然製磚經驗豐富，店內地磚樣式卻極少且不夠精緻。我在網上參考台灣早期花磚與北非傳統地磚後，與師傅商量樣式，遲遲無法決定。陪同前往的四哥指著牆上一個模具，問師傅：「你怎麼不跟她推薦這一款就好？比較省事。」師傅搖頭：「不適合，她不會喜歡的，她品味和大家不一樣。」

最後，師傅答應為我們特製淡綠、水藍與藏青色地磚，綠色地磚上有類似花朵的圖案，含藏「天堂島嶼」、福爾摩沙及綠色生命的期盼，有水，有生命，鋪好後將宛若漫步綠意綻放的大地。藍色系地磚則有星星圖案，讓客人與星空同眠。

近一個月的等待後，地磚終於送來，整體效果又像燦爛星空，又像花團錦簇，非常漂亮！而就在地磚送達當天早上，貝桑媽媽夢見一團綠色像寬大衣服的東西，從民宿大門飄進來，然後她就醒了。我和貝桑一聽，不約而同起了雞皮疙瘩，只覺這夢是個美好預兆！

至於浴室，我想安裝化石洗臉檯，畢竟撒哈拉是化石產地，沒有什麼比化石製品更能呈現沙漠特色。尋尋覓覓後，終於讓我找到了不規則狀的化石洗臉檯，如實展現生靈萬物的獨特唯一與彼此間的和諧關係。

關於化石的開採及使用，我心裡是有矛盾衝突的。撒哈拉曾是大海，所蘊藏的海洋古生物化石成為遊牧民族向觀光客兜售的商品，養活一家大小，然而化石一旦開採，一去不再，正如所有礦脈。

我將每顆化石視為大地之母由胸脯掏出的禮物，珍貴特出。領受這份來自撒哈拉的禮物，只願善加利用，讓民宿空間擁有最美的流動，讓住宿者宛若走進撒哈拉的懷抱與美，活在大自然的奧妙神奇裡。我相信大自然幻化無窮的力量將在這當中默默做工，形成難以想像的美好影響。而我該做的，不過是虔誠撐起一個空間，讓這一切發生。

大門前種樹

厚土保護了土夯圍牆不受雨水侵害，也讓我們得以在民宿大門前種下一排棕櫚樹。

整個家族裡最渴望種樹的，大抵就屬我與貝爸。當工人在前頭挖洞，準備種樹，他老人家無比悠閒地斜臥在樹蔭下欣賞，一邊沉浸在家裡即將多了幾棵樹的歡樂中，一邊和工人聊天。

終於，一排美好壯碩棕櫚樹種好了，宛如衛兵般守護著「天堂島嶼」民宿與它所醞釀的夢想計畫。

一早，貝爸已經在大門口棕櫚樹旁，充滿愛意地灑下種子。

隔了幾天，老人家甚至掏出自己賣植物茶好不容易攢下來的私房錢，買了十株迷你小樹苗，親自種在棕櫚樹苗旁。孫子們要幫忙，他不肯，生氣地把孫子全部趕走，直說小孩子不懂，只會搗蛋。

只見他坐在地上，用大鐮刀一鋤鋤地親自挖出種植迷你小樹苗的洞，種下後，再慢慢地提水桶取水、灌溉。

絆絆磕磕的起步與經營

費了九牛二虎之力，燒光所有積蓄，民宿終於完工，我們取名「天堂島嶼」。

貝桑出身沙漠，我來自島嶼，願這空間能夠創造撒哈拉與台灣之間的連結，更願這座在沙漠建造的民宿與陸續推動的各種行動充滿了生命與美好的流動，宛若沙漠中的綠洲、天堂，讓建造的民宿綠意盎然，讓所有旅者訪客發出當年葡萄牙水手行經綠蔭扶疏的台灣時，所發出的讚嘆：「啊！福爾摩沙，美麗之島！」

剛開始，民宿的營運相當困難，我們不知如何攬客，對於食宿服務只有模糊概念，卻得應付野心勃勃的四哥。

整間民宿可說由我和貝桑一手打造，貝桑家族提供的協助極少，我們好不容易撐起一個稍可營運的空間，還在摸索如何做生意，四哥便侵門踏戶，不時自行帶客人前來入住，但無論他向客人收了多少住宿費，永遠只給我零頭，說是幫忙我們打廣告。

有一回，四哥要我們整理兩間客房給他帶來的四位西班牙客人，還不忘得意地說，這四天三夜行程已經讓他收了對方數千歐元。數天後客人離去，四哥也忘了說過的話，支付食宿費時竟委屈地說，客人是西班牙舊識介紹來的，他只拿人家幾百塊歐元，但他願意盡力補貼我們云云。

四哥帶客人回來時永遠以「民宿主人」自居，彷彿整間民宿由他一手創建，偏偏支付食宿等基本開銷時總把帳算到我們頭上。有一回客人不過偶然稱讚我們掛在沙龍牆上的手織地毯，四哥二話不說，豪氣地把地毯拿下來送給客人。我和貝桑當場傻眼，畢竟這地毯是我買的，他竟連問都不問，直接送人！四哥見我一臉震驚不悅，說他會還我地毯的錢，想當然耳，我至今一毛錢都沒收到。

很快地，四哥不時帶客人來使用民宿，或在沙龍喝茶，或使用客房洗手間，偶爾過夜，但幾乎不會給我們任何費用，愈來愈把整間民宿當成他個人資產，我和貝桑逐漸被擠壓到邊緣。

然而，民宿所有開銷依然由我一人支付，若貝桑要求四哥分攤，他總有辦法推辭。面對四哥種種蠻橫霸道的行徑，貝桑雖然不悅，由於個性軟弱且相當重視親族情感，根本無力阻擋。

一天，兩兄弟終於爆發激烈爭吵，為了一個我想不到的原因。

那是個冬天，四哥帶了三位西班牙旅客入住，白天駕駛越野車馳騁沙丘，晚上回民宿用餐、過夜。餐前，四個人在沙龍喝起了客人從西班牙載來的酒，成為民宿營運以來，首批在這空間內飲酒的人。

隔天早上西班牙旅客離去後，我們才發現沙龍桌上擺滿空酒瓶，潔淨嶄新的綠色地磚上滴了許多紅酒印。我無奈地跪在地上拚命刷。

伊斯蘭教義禁止穆斯林飲酒，貝桑不願意客人在民宿裡喝酒，惱怒極了，嚷嚷著要把西班牙人丟出去。四哥不以為然，罵貝桑不懂觀光產業運作，飯店即便未必提供酒類飲品，都不會禁止旅客喝酒，否則怎麼做生意？錢就是錢，沒道理把錢往門外推，若貝桑真要搞成這樣，那麼民宿就等著關門大吉吧。貝桑寸步不讓，說他只在乎「和阿拉的關係」，阿拉會以其他方式帶給他生活所需，他根本不希罕賺這種錢。

兩人吵得不可開交，終究不了了之，我則見識到了四哥的唯利是圖。

除了四哥野心勃勃想霸占民宿當老闆，偶爾遇著的歐洲背包客往往只想以低廉價格享受舒適空間，讓民宿難有利潤，該有的清潔打掃與水電支出卻完全無法省。

有回，一位法國年輕人看完房間，一開口就說他只願支付五歐元，但要獨享一間衛浴齊全的客房，施捨傲慢的態度讓貝桑很快就把他請出民宿大門外。我不免困惑，這些歐洲人在自己國家會這麼做嗎？還是他們真以為沙漠所有服務都該像自然美景一樣免費？

我也慢慢理解為何村內壯丁都不怎麼搭理滿頭辮子、肩揹登山包的年輕背包客。對他們來說，背包客很愛討價還價，什麼都想免費，還要特別服務，甚至只想單純交交「在沙漠的朋友」，讓他們累個半天卻賺不到錢，是「骯髒的觀光客」。

那對法國父女占盡便宜的行徑同樣讓我瞠目結舌。

年約五十的父親名為法蘭索瓦，不到二十歲的女兒是個白淨漂亮的青少女。法蘭索瓦和貝桑相識超過十年以上，曾經帶來一團「很好的觀光客」，在沙漠數天的食宿、導覽、騎駱駝等行程，外加購買手織地毯，讓貝桑賺了一筆養家費。從此以後，只要法蘭索瓦回來，無論獨自前來還是帶著妻女，貝桑莫不奉為上賓，竭誠相待。

法蘭索瓦自稱「不是普通的觀光客」，從不住飯店，只睡自己從法國一路駕駛前來的露營車，吃食簡單，甚至就在他散居各地的「摩洛哥民間友人」家裡用餐，不花一毛錢。

接連好幾天，我眼睜睜看著法蘭索瓦父女從庫斯米吃到塔吉，喝茶喝湯，想來就來，吃飽喝足了就走。有時我們工作忙，只到村裡小餐館買濃湯（Harira）回來當晚餐，還得幫他們父女倆多買一份。

更驚人的是，他們總精準地在用餐時間翩然降臨。我們在廚房忙煮飯，他們父女悠閒地在沙龍等吃飯，上網，打手機回法國聯絡事情，等晚餐煮好了，他們吃飽了，我負責清洗碗盤。

某天下午，民宿工程正忙著，他們父女倆不請自來，走進廚房，很明顯在找吃的。貝桑見了沒多說，進廚房煮茶、炒蛋，好讓他們配麵包吃。

很快地，他們前來用餐的頻率逐次增加，不僅餐餐來報到，甚至外加下午茶。若我們實在忙不過來，沒空下廚，他們便大搖大擺地去貝桑家族老宅用餐。

我很困惑，莫非他們把這裡當成慈善收容中心？貝桑臉皮薄，認為他們不在我們民宿過夜，不可能收住宿費，又是多年好友，招待他們吃飯也是應該的，更何況法蘭索瓦很窮，應該體諒他們。

呵，或許對法蘭索瓦父女來說，他們不過前來共享一頓庫斯米或塔吉，甚至晚餐也才一碗湯，卻未曾意識到，因為他們的出現，這個空間一天煮掉的，可能是沙漠男子在有遇到觀光客時一整天的收入，更何況現在並非觀光旺季，貝桑又留在民宿招待他們，根本沒錢賺。

即便是他們下午喝著茶，晒著暖暖冬陽，舒舒服服在民宿院子裡享受寧靜午後，看著築屋工人忙來忙去，那壺煮來給他們喝的茶所用的瓦斯，他女兒在沙龍聽音樂、看書，幫手機和筆電充電，悠悠閒閒地拍照PO到臉書，所使用的電，林林總總哪個不是錢，更不用說一間沙龍所能提供的美麗舒適背後，有著多少資金、勞力與心血付出。

事實上，一壺茶、一頓餐點、夜裡一張溫暖乾淨的床，甚至是一場熱水澡，都可以是當地人提供給外客的服務，以此掙點養家餬口的費用。

法蘭索瓦再怎麼經濟不寬裕，有能力從法國一路駕駛露營車直達沙漠，又會窮到哪裡去？若談朋友間的體諒，為什麼不是他體諒沙漠謀生不易，民宿工程艱辛進行中、難以營運且目前根本難有收入，幫忙貝桑分攤一些，卻是要在沙漠艱辛求生的當地人全然支付呢？

那一天，法蘭索瓦父女甚至帶了另一個法國人回來，說想借用民宿浴室洗澡。

貝桑婉拒，表明浴室只提供房客使用，法國人便要求看房間，直說我們的套房好漂亮，好可愛！問到收費，明明我們給的是正式營運前的友誼價，他還是堅持只想花錢洗個熱水澡就走，因為他有露營車可以過夜。

貝桑二話不說，帶他們去看家族老宅的雅房，說：「我太太辛勤努力工作很久，我們才終於有錢慢慢蓋民宿，到現在都還沒有回本。如果你不想花錢住套房，那就來住老屋的雅房，可以洗冷水澡。」

對方一聽連忙搖頭，說冬天太冷，需要熱水澡！跟法蘭索瓦父女走出了民宿。

聖誕節緊連著跨年，正是沙漠觀光旺季，觀光業者莫不期望趁這機會賺點生活費，所有客房、營區、吉普車與駱駝出租費全都抬高。

那年，四哥在村裡偶遇一位跟團來旅遊的波蘭女孩，兩人相談甚歡，四哥給了她名片，隔年聖誕節前，波蘭女孩經由網路與四哥聯繫，說要帶妹妹與媽媽來找四哥進行長達五天的沙漠之旅。

為了避免訂不到床位，四哥趕緊買了一頂大帳篷，雖說是二手貨，但可供五人使用，如此一來，波蘭女孩無需和觀光客搶床位，夜裡在沙漠還能有個舒適溫暖的安歇之處。

大帳篷送來民宿時，我詫異極了，這頂帳篷之笨重巨大，真不知是哪個年代的東西，搞不好都夠格進博物館了呢！

只見四哥和貝桑在民宿院子裡勤奮地拆帳篷、洗帳篷、晒帳篷，我卻不禁懷疑波蘭女孩能否接受這帳篷的老舊程度？但畢竟是觀光旺季，資本不多的四哥能提供的最好住宿服務，就是這樣了。

洗好的帳篷已在民宿院子晒太陽，波蘭女孩卻遲遲無法確定抵達日期，偏偏一到觀光旺季，想要一頭駱駝可是得搶著付錢預約，哪可能隨叫隨到。

四哥希望波蘭女孩盡快做決定、匯訂金，不得不拿出僅存的銀兩購買國際電話卡，親自打電話去波蘭，是她妹妹接聽，嫌費用太高。四哥火了，畢竟他給的是淡季收費，已算是相當優待。

接連數天，波蘭女孩持續藉由臉書和四哥討論行程，先是嫌貴，接著又撒嬌地規定四哥屆時一定要全程陪伴，說她是特地來找四哥出遊，忍受沙漠種種不便，帶著摯愛的親人走向一場冒險，心理壓力很大。

四哥自幼失學，大字不識一個，為了說服波蘭女孩盡早預約，只得額外花錢儲值才有網路可用，還得趕緊找人幫他回覆，其訊息往返之密集，我都幫他回過好幾次。

聽他們這一來一往，連我都想問波蘭女孩：「說吧，妳到底想要什麼？想以最低廉價格享受一趟絕無僅有的沙漠之旅？還是想跟沙漠男子調情，享受異國情調的曖昧？」

在波蘭女孩連番挑剔四哥的行程與收費後，四哥終究放棄了這筆生意。整個討論過於漫長耗時，利潤相當微薄且對方遲遲不肯點頭。

幫四哥回完最後的信件，我呆呆地看著依然晾在民宿院子裡的大帳篷。

一點都不「理所當然」的服務

沙漠觀光在梅如卡少說四十年以上歷史，早期遊客需求較為簡單，當地居民將自家屋舍整理過後，即可提供給遊客入住，外加飲食、嚮導與騎駱駝服務等，掙點養家費。

少數當地人漸有了發展旅遊業的念頭，那時沙漠土地並不值錢，遊牧民族幾乎可說是任意使用，有些人在沙丘附近找塊適合的空地，或搭帳篷，或搭建簡易小土屋，即可做起觀光客生意。待收入漸豐，便將小土屋擴建成民宿，有些甚至發展成飯店，占地面積亦逐漸往外擴大。梅如卡多家大型飯店都是從小土屋逐漸發展成今日規模。

逐漸發展中的沙漠觀光業同樣吸引歐洲人前來投資，向遊牧民族購買或租用土地，蓋起飯店。歐洲人相對擁有更豐沛的資本與優越的經營條件，懂得建蓋舒適優雅且附游泳池的飯店，也明瞭如何提供更受歐洲遊客喜愛的旅遊與飲食服務，在歐洲的既有人脈也讓他們更容易拉到觀光客，獲益頗豐。

綜觀沙漠旅遊發展史，甚至可說歐洲投資客的加入，大大提升了沙漠旅遊的規模及品質，朝更專業化的方向發展。

至於當地人，也就是廣義的遊牧民族後裔，多半在產業邊緣求生，或在大飯店打工、為飯店遊客牽駱駝，有些則在遊客上沙丘看日出日落時上前搭訕，趁機賣賣化石等。

極少數遊牧家族成功走入旅遊產業，早期或許從簡易帳篷或土屋開始，慢慢發展成具規模的飯店，團隊裡的工作人員通常來自同家族，除了家族緊密連結的傳統，家族成員間的信任度較高且習慣團隊合作，更因在沙漠發展受限，一旦稍有工作機會，自然肥水不落外人田。

經營良好的飯店業者多半同時發展相關產業，包括飼養駱駝群、搭建觀光帳篷營區並投資紀念品店等等，也因此，外國觀光客來到沙漠，身邊圍繞的工作人員彼此往往有著或近或遠的親屬關係。

隨著網路住宿預訂與旅遊平台的出現與興盛，沙漠弱勢勞動族群的處境愈形艱難，未必如外界想像般，能從網路普及與愈形興盛的國際旅遊獲利。

遊客來到撒哈拉，首要需求便是旅遊期間的食宿。過去，村裡男性常在村子入口或車站守株待兔，若自行駕車前來的遊客或者搭乘大巴士抵達沙漠的背包客尚未預定住宿地點，村裡男性便帶他們前往合適的民宿或飯店，藉此賺取微薄仲介費，有時甚至還能說服遊客騎駱駝、購物，獲得較佳收入。

近幾年網路使用愈發普及，飯店自有官網可供線上訂房，旅遊平台提供多元選擇，消費者愈來愈習慣在出發前做好所有行程規劃並透過平台訂房，以至於當村裡男性遇見這些不參加旅行團的自由行散客時，對方往往已經訂好房間且約妥了所有旅遊服務，GPS系統同樣也減少了遊客對在地嚮導的依賴與需求。

當然，少數能力較強且較有企圖心的年輕人確實成功藉由網路改善經濟，早在二〇一三年左右就嗅到旅遊業商機，因家境不豐，無飯店、帳篷或駱駝等資產，乃將僅有資源用於網路經營，花錢請人架設網站，以專業導遊自居，甚至自稱飯店或帳篷業者，提供各種摩洛哥旅遊服務，乍看之下，消費者極容易以為該網站來自一家經營有成的正規旅行社。的確，少數年輕人藉由網站成功拉客，架構網站的費用更是逐年降低，然而隨著大型旅遊平台興起，光有網站也難以招攬客源。

另一方面，削價競爭極度傷害小規模獨立業者。

藉由網路，消費者永遠可以比價，挑選CP值最高的選項，通常都以低廉價格為挑選要件，至於所享受的低廉價格建構在什麼樣的經濟體系上，剝奪了哪些人的謀生機會，讓誰獲利，營造出何種旅遊型態，對自然生態的影響，以及每一個苦苦求生的在地工作者肩上扛著多大一個家族的生計，工作者是否得負擔年邁父母的醫療費、年幼孩童的教育費等，往往不為「旅行者／消費者」所知，即便知道了，也不影響「旅行者／消費者」的旅遊興致，畢竟「大家是來『玩』的呀！他人的悲慘又干我什麼事呢？」

不少旅遊消費者往往以為在沙漠，所有服務都應該「廉價」，不自覺認為民宿經營者應該給予坊間旅行社無法給的服務品質，精緻、溫暖、互動熱情友善且收費低廉，否則哪管之前花了多少時間討論都可一筆勾銷，反正沒有任何損失。

然而，沙漠裡有太多事絕非外人想的那樣「理所當然」，生活裡有太多的「不得不」。旅客在資源相對匱乏的偏遠地區享受到的服務、舒適與便利，往往建構在他人的服務與付出之上。

當村裡除了旅遊服務再也找不到其他掙錢機會時，我每天眼睜睜看著這些在沙漠辛苦求生的遊牧民族後裔，想盡辦法，善用自己僅有的資源去給出所能給的最好觀光服務，真真只為掙口吃飯錢，就連回個旅客信函，哪管對方寫的是英文、法文、西班牙文甚至德文、義大利文，這輩子沒有機會上學、目不識丁的他們，都得想辦法動用所有人脈，找人幫忙回信，同時還要將辛苦掙來的錢，用來支付網路費用，只怕信回得晚，客人就跑了。

看著底層勞動者的付出與難以維生，外來旅客對低廉旅遊及享受他者付出的理所當然，我心裡的感觸很深，這，就是我們的世界。

從旅客身上賺到的一點點利潤，分出去之後，在地工作者得到的微乎其微，真真圖個吃飯錢，讓一個個「人」與「家族」可以在艱困環境中，活下去。

沙漠資源流動，宛若沙漠生態體系，就「雨露均霑」四個字吧，天空下了一點點雨，餵養了水草與棕櫚樹，好讓羊群及駱駝有得吃，讓「人」得以在沙漠懷裡延續生命，一旦有人想獨占，阻礙資源流通，便是整體系統的緩慢死亡。這樣的集體生存模式，是來自水草豐足、追求致富與囤積的文明人所無法想。

「天堂島嶼」民宿約在二〇一四年春天動工，礙於資金有限，貝桑認為我們可以邊進行工程邊營業，長期以來，當地小規模業者都是先有一兩間雅房可供出租，賺了點錢，再慢慢擴建。

但我認為時代變了，觀光客對食宿及旅遊體驗的要求愈來愈高，既希望能在沙漠享受都市現代生活的舒適便利，還要有都市沒有的沙漠風情，更何況遊客行前多半經由網路平台資訊與照片評估，若民宿硬體差強人意，甚至活似工地，很難受到觀光客青睞，因此二〇一五年十月回沙漠後，第一件事便是完成民宿建造工程。

完工後，很自然地，民宿具有某種「基地」的意義。偶有歐洲遊客入住，貝桑會試著推銷騎駱駝或導覽等行程，就連貝桑的哥哥們都會帶客人到民宿沙龍商談旅遊行程，雖然扣除成本後僅得蠅頭小利，但在梅如卡這極度仰賴觀光產業的偏遠地區，有了這麼一點點基礎，確實也讓貝桑家族多了些在惡劣環境尋找生機的可能，甚至有個能和旅客「談生意」的正式空間。

面對現實生存，我決定調整方向，將重點放在導覽而非食宿，讓「天堂島嶼」成為一間不僅僅提供食宿的民宿。

另一方面，建造「天堂島嶼」民宿的過程改變了我與土地的關係，讓我對來自大地的賜予以及土地對生命的支撐有了更深刻具體的領悟，連帶也強化了內在穩定性與那份寧靜。

這塊土地對我有股神奇魔力，好些過往會讓自己在乎或擔心的事，甚至是長期沒有任何進帳卻不斷燒錢的金錢焦慮，一放到天寬地闊的沙漠，總覺那真的也沒什麼，當內底有著來自土地源源不絕的愛與支撐。

總是這樣，當我愈渴望為人及土地做事，首先從中獲得改變與成長的，永遠是我自己。

正在建造地基的工班，以及幫忙拆除土牆與
羊棚的家族小男孩

↑↑ 貝桑與親友把從羊棚敲下來的土壤與水混合，放入木模，製成土磚

↑ 院子地上散落著做為建材的蘆葦

正在夯築客房外牆的工班，
一層層土牆清楚可見

→→里薩尼建材專賣店，木頭、蘆葦與麥稈在陽光下閃閃發亮

↗內部工班師徒在鋪設屋頂

↘廢棄門板做成的臨時大門，以及我堅持保留的檉柳

↑↑豪雨一來，門前馬路化為河流

↑工人費力將土牆鑿出一個大洞，讓民宿有了出入口

↑站在低矮土牆上，手拿樑木的貝桑

→來幫忙處理蘆葦的鄰居小孩

↑↑ 手工地磚師傅與展示的傳統地磚樣品

↑ 地磚師傅為我們特製的藍色和藏青色地磚，以及用於沙龍的綠色地磚

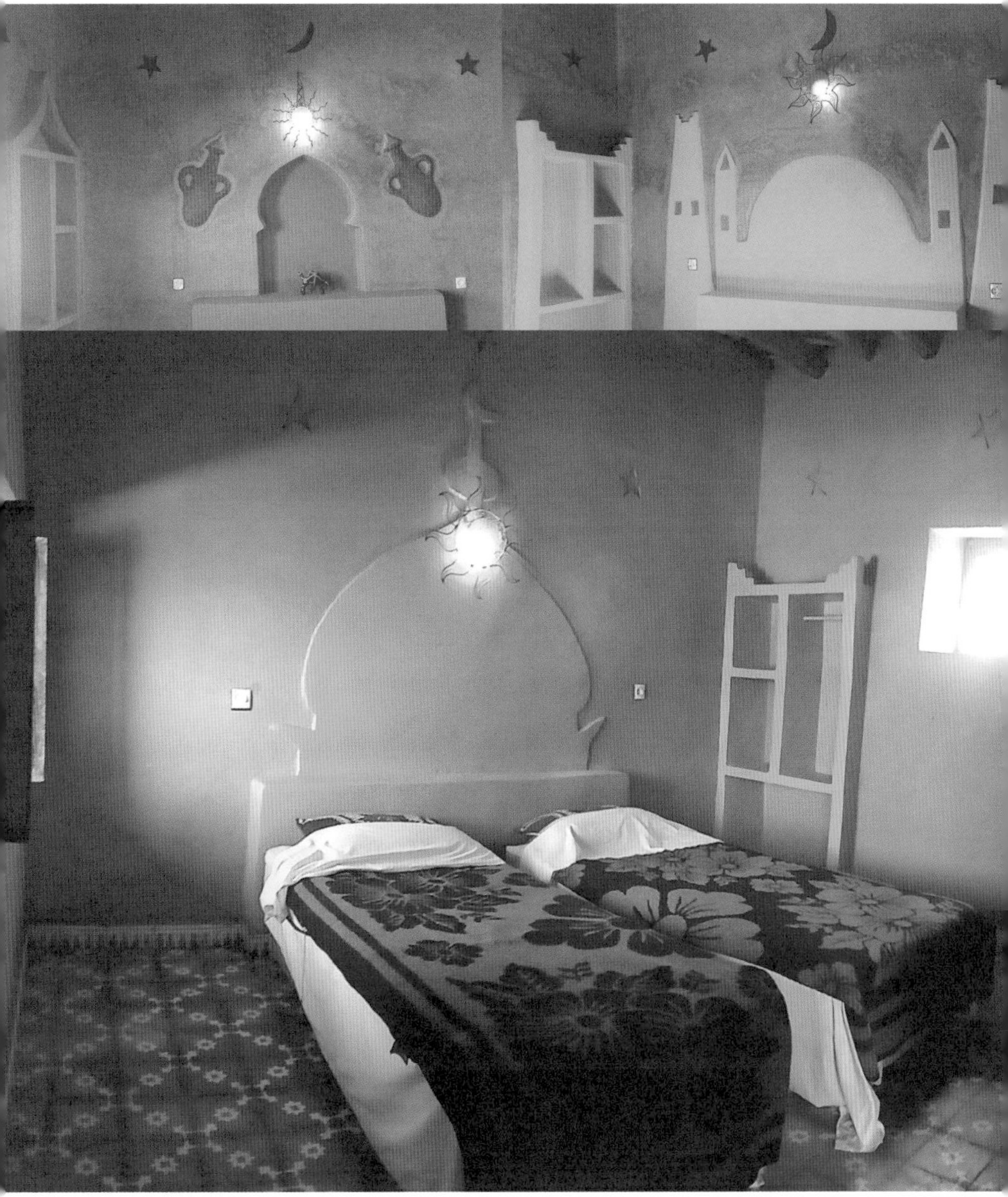

民宿客房內部牆面，以及鋪上地磚後的模樣

梅如卡村子口的柏油路，一頭通往大沙丘，一頭直達里薩尼

觀光商機V.S生態危機

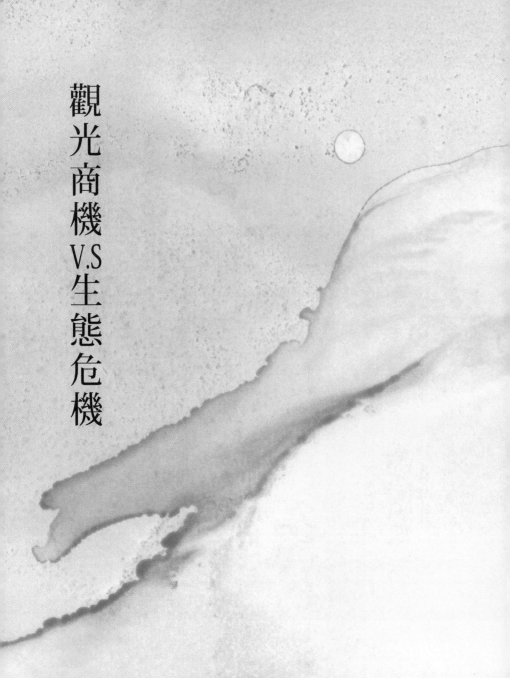

我住的村子梅如卡是一座位於摩洛哥南部撒哈拉沙漠的小型綠洲，人口稀少，緊鄰阿爾及利亞邊界，因擁有摩洛哥最高沙丘「諧璧沙丘群」（erg Chebbi）而在約莫二〇〇〇年後成為觀光重鎮，國際遊客絡繹不絕，炎炎夏季則是摩洛哥人的沙浴時節。

有著典型沙漠氣候的梅如卡夏季乾燥酷熱，最高均溫可達攝氏四十五度，冬季約二十度左右，年降雨量約五十九毫米，終年晴空朗朗，萬里無雲，因人口密度低，光害少，夜裡星辰、銀河與流星清晰閃爍，肉眼可見。

離梅如卡不遠的諧璧大沙丘又稱梅如卡沙丘群，金色沙丘群龐大壯觀，長約二十二公里，寬約五公里，沙丘頂最高可達一百五十公尺以上。據說古早以前，一對孤兒寡母生活無以為繼，無奈地向一戶富豪人家請求協助，富豪人家拒絕，違反了穆斯林五功之一的天課（Zakat）精神，真主阿拉發了怒，將這戶富豪人家埋在山丘下，成了 erg Chebbi。

梅如卡綠洲存在已久，卻是個年輕聚落。自約一百多年前開始偶有遊牧民族來此生活，隨著乾旱加劇、玫菲思（Mifis）與道斯（Taous）礦產開發及觀光客到來，在綠洲定居的人愈來愈多，整個聚落才逐漸擴大。即便如此，自來水與電力供應不過約三十年前的事，在此之前，部落裡的女性必須一如遊牧人家，每日趕著驢子到農田水渠取水，村內的柏油路更是二〇一二年以後才陸續鋪上。

如今梅如卡主要大街的商家一半以上做觀光客生意，紀念品店、咖啡廳、餐館與沙灘車出租等，以及幾家滿足民生基本需求的雜貨鋪與肉鋪，偶有外地攤販，村裡並無醫院或診所，唯有一間政府設立的醫療中心，第一家藥房遲至二〇二一年後才開設。

由於人口因日益興盛的觀光業而增加，梅如卡已成這一帶的區域泛稱，確切人數難以估計，最熱鬧的主要街道約有數百戶，陸續有放棄逐水草而居生活的遊牧民族前來落腳討生活，有些甚至來自鄰近小城里薩尼與伊爾富德。

來大沙丘旅遊的觀光客抵達梅如卡後，或騎乘駱駝，或搭乘吉普車，繞著沙丘群玩，不時也有駕駛沙灘車「衝沙」的西方旅客。入夜後則在星空下夜宿沙丘中的觀光帳篷營區，清晨與傍晚再爬上沙丘，欣賞日出日落。

綿延二十幾公里的大沙丘不僅為梅如卡帶來源源不絕的外國觀光客，到了夏天，摩洛哥人接踵而至，全為沙浴。

沙浴（法語 le bain des sables，又稱 psammatothérapie）是一種盛行於摩洛哥、阿爾及利亞與埃及的傳統民俗療法，亦可見於日本，在歐洲相對鮮為人知。這種溫和療法已存在數個世紀，沙子與陽光的天然熱度以相對溫和的方式讓整個身體暖和起來，促進血液循環、加快新陳代謝且不會造成皮膚灼傷，如同三溫暖般可幫助排出體內毒素，據說能有效治療風溼、關節炎、腰痛、糖尿病、過度肥胖與皮膚病，但同樣具有危險性，若不注意，可能引發呼吸不適與心肺疾病。

每年夏季六月到九月是沙浴季節，村裡穿梭著來自摩洛哥各地的遊客，尤其深受居住北部溼冷城市的摩洛哥人喜愛，民宿、飯店或一般民宅，統統住滿了前來沙浴的摩洛哥人，家家戶戶做起相同生意。

每天清晨，當太陽還在沙丘後頭懶洋洋地尚未升起，梅如卡的年輕人便已開始在離飯店不遠的沙丘上，挖掘出一個又一個可容納一位成人躺臥的窟窿，並等待豔陽高升，將沙丘上的沙子晒得燙人，最高溫逼近五十度。

待一天中最高溫時段已過，氣溫稍降，摩洛哥沙浴客紛紛前來，躺進熱乎乎的沙丘窟窿裡，再由梅如卡年輕人將同樣被太陽晒得滾燙的沙子一鏟鏟覆蓋在身上，僅露出頭臉，並以布巾遮住臉部，避免晒傷。

沙浴一般約躺十幾分鐘，最長不可超過二十分鐘，這是身體能負荷的極限，期間由梅如卡年輕人協助飲水、補充水分。結束後，沙浴客會裹著厚重毛毯到帳篷喝茶、清除黏在身上的細沙與汗水，這時必須保持身體溫度，不能受寒。

近年，沙浴逐漸打響名聲，一到夏季，愈來愈多摩洛哥人前來梅如卡做沙浴，飲用撒哈拉原生植物茶與高營養的駱駝奶，新名詞 sablothérapie 因而誕生。

同樣因為鄰近大沙丘而成為觀光重鎮的還有穆哈米德，位於摩洛哥南部 Souss-Massa-Dra 區。摩洛哥境內另一知名大沙丘 Erg Chegaga 離穆哈米德僅約五十公里，整座沙丘群長約四十公里，寬約十五公里，高約六十公尺，堪稱摩洛哥最原始廣袤的沙丘群區，由於自然環境更為險惡，只能搭乘吉普車或駱駝進入，交通不便，觀光客造訪率低於梅如卡，卻也能夠體驗更加原始自然的沙漠景致。

穆哈米德一帶散落著數個聚落，是北非通往沙漠地帶的隘口之一，據說過往曾是綠意滿地的草原及綠洲。「穆哈米德」（M'hamid El Ghizlane）意指「瞪羚的草原」。

瞪羚是羚羊亞科的一屬，為草食性群居動物，分布於非洲大草原、阿拉伯半島及亞洲地區，身披米色及棕色皮毛，身形修長四肢纖細且動作敏捷，一雙大眼烏溜溜，雄羊角彎而長，深受阿拉伯人與波斯人喜愛，英文 gazella 即從阿拉伯語演繹而來，象徵美麗、高雅與輕盈，引發詩人無限創作靈感，據說舊時哈里發喜愛到甚至會在宮中放養瞪羚。直到今日，仍可在阿拉伯通俗情歌中聽見以瞪羚來形容自己心愛的女子。

穆哈米德雖早已不見蹬羚，從地名仍可想見當年這一帶水草如何豐足，蹬羚自由地靈動跳躍，人們對這兒的愛就像對蹬羚一般。穆哈米德老者說起過往水草豐足的年代同樣歷歷在目。（參考四十一頁〈種下一棵樹〉相關段落）

今日的穆哈米德雖仍是綠洲，但較以往更乾旱，降雨量極少，為典型沙漠氣候，夏天高溫高達攝氏四十幾度，冬天最低溫僅僅四度，溫差極大，沙塵暴更不時席捲當地。

毫無疑問，撒哈拉美景瑰麗絕倫，撒哈拉生活卻遠非外人所想那般充滿浪漫異國情調。除了連年乾旱、工業化垃圾、水資源分配不均、棕櫚樹疾病與年輕人高失業率等，已成經濟命脈的觀光產業從來也不是無汙染工業。

外來者的頻繁造訪帶來了沙漠脆弱生態難以消受的垃圾，汙染原本潔淨無瑕的沙丘，危害沙漠裡的野生動物，連帶影響考古遺址等文化遺產。全球暖化與無法抑止的土地沙漠化持續困擾當地，政府無力針對觀光發展與自然生態平衡進行整體規劃，更不曾提供專業導遊訓練課程給從事旅遊業的當地居民。

在梅如卡，觀光飯店沿著大沙丘如雨後春筍般矗立，大量遊客與車輛四處橫行，飯店過度取用沙漠水資源，使用後的廢水在未經任何處理下任意排向沙漠。種種觀光產業對生態造成的衝擊，早已不是新聞。此外，酒精亦隨著觀光客走入穆斯林生活，這一切莫不衝擊遊牧傳統文化，也讓沙漠生態雪上加霜。

從黑帳篷到白帳篷

沙漠觀光發展初期，梅如卡提供給觀光客的住所只是簡易帳篷與小土屋。有些遊牧民族提供自家帳篷讓旅客使用，賺取住宿費。有些人將自家屋舍整理出可讓遊客入住的空間，並在沙丘群一帶搭建幾間小土屋，做起民宿生意。

慢慢地，觀光客不再滿足於飯店或土屋，想更加親近沙丘與曠野，一旦商機顯現，自然有人以此為業，在沙丘群一帶搭建了專門提供給遊客入住的帳篷營區，生意逐漸興盛起來。

遊牧民族將駱駝毛織成長方形織物後，每到一地紮營便以木條撐起，做為棲身的帳篷。初期觀光營區的帳篷形式簡單，接近遊牧民族的傳統黑帳篷。篷內以木條支撐，照明採用蠟燭，使用井水且無衛浴，篷內沙地僅鋪一條廉價地毯，再放上薄床墊、靠枕與毯子，入口則掛著一張地毯權充門。客人坐在回收的破舊桌椅上，晚餐是簡單的塔吉，早餐則是隔夜麵包與茶，天熱時還得邊吃早餐邊趕蒼蠅。若需要如廁，就自行在沙丘找個沒人的地方解決，洗澡洗頭得等回到村裡才能執行。

二〇一一年我在梅如卡住的帳篷形式便是如此簡陋，整座帳篷營區毫無現代照明設備，抬頭才知繁星璀璨。後來想上洗手間，業主示意我往沙丘走，本想找個無人角落，卻發現月光皎潔，讓人一點兒隱私都沒有。

到了晚上，業主生起營火，眾人圍著火光唱歌、聊天、取暖，那也是整個營區最光亮溫暖的地方。夜裡，我躺在薄薄床墊上有些寒涼，掀開墊子一看，底下是廉價地毯，再掀開來看，即是沙子。我躲回被窩，帳篷外，悄然無聲。

第一次如此親近寂靜遼闊的自然，遠離現代生活，我竟有些害怕，最後在不知不覺中睡去。隔天天未亮，駱駝伕來喚我起床看日出，一睜眼，我只想開心地大叫：「天哪，我還活著！」

還記得那時我走出帳篷，一步步踏在因夜涼而寒冷的沙丘上，感受日出如何讓這世界亮了起來，暖了起來，忽地明白，原來生活可以這麼簡單，不需要那些繁文縟節或現代設備，都可以好好地「活著」。

二〇一四年底，我再回梅如卡，沙丘群裡的帳篷營區數量明顯增加，設備提升，睡的床是有床架的彈簧床，也出現簡單的公共衛浴。

二〇一五年，我已回沙漠定居，有天貝桑帶我到沙丘後方走走，我赫然發現帳篷營區已擴散至極為偏僻的荒野。貝桑帶我前往一座剛搭建的營區，他有位親族在那兒打工。該營區在當時堪稱創舉，一頂帳篷就像一間小套房，內附獨立衛浴，不僅有熱水可洗漱，連洗臉檯都是化石做的，架著彈簧床墊的則是美麗的鐵架，地上鋪著手織地毯，帳篷內還有木製家具，看得我瞠目結舌！

貝桑親族說，老闆下了重本投資，光將這些厚重家具載到荒野便花了不少錢，更不用說每頂帳篷都得建一套獨立衛浴，成本極高。好在這等豪華營區極受歡迎，住宿費高昂卻日日高朋滿座，讓老闆日進斗金。

進入二〇一六年，形式更加豪華舒適的白帳篷出現了，宛若將五星級飯店搬到沙丘，遊客趨之若鶩，供不應求。同年，摩洛哥開放中國遊客免簽入境，數量大增的中國遊客尤其喜愛豪華白帳篷，短短幾年，豪華白帳篷沿著沙丘群外圍散落，畫分勢力範圍甚至爭奪土地等情事，不斷發生。

年過五十的哈桑在梅如卡經營一家大飯店與三座帳篷營區，約莫四十年前，他還是個十幾歲的毛頭小子，偶爾幫觀光客牽駱駝便可掙得還不錯的小費，日積月累，這份工作也讓他慢慢結交了「歐洲友人」，這些「歐洲友人」若再回沙漠，往往幫哈桑帶來更多客人。

二十幾歲時，取得家族同意後，哈桑把自家在沙丘附近的土地整理了一番，在數棵高大棕櫚樹下搭了幾頂帳篷，專為觀光客提供食宿與騎駱駝服務，慢慢攢了錢，蓋起小土屋。很快地，哈桑整個家族全投入了觀光業，小土屋逐漸拓建成附設游泳池的觀光飯店，哈桑進而擴大經營，在沙丘群搭建帳篷營區。由於飯店就蓋在沙丘群旁，一走出後門便是蜿蜒無盡沙丘，符合觀光客需求，讓哈桑不乏客源，甚至能接到歐洲旅行社與國際拉力賽的訂單。

我問哈桑在梅如卡經營飯店的感想，萬萬想不到他說：「早年觀光客的錢很好賺，現在飯店和帳篷太多了，到處都是，破壞沙漠的魅力，讓沙漠都不像沙漠了，偏偏客源沒那麼多，根本僧多粥少。」

確實，蜿蜒起伏無盡的沙丘群既是撒哈拉經典意象，更是將全球遊客吸引到沙漠的最大賣點。地方政府意識到沙漠旅遊的發展前景與危機，宣布從梅如卡村子外圍直到道斯之間的沙丘群禁止興建任何建物，以保留乾淨無痕的景觀。

然而，蜂擁而至的觀光客莫不希望住宿地點離沙丘愈近愈好，最好能在身體不勞動的情況下，每日闔上眼前看到的最後畫面是美麗沙丘，隔天醒來睜開眼首先映入眼簾的依然是沙丘。「沙丘第一排」市場需求使然，飯店依然如雨後春筍般在沙丘群邊緣出現，沙丘群後方則以帳篷營區為主。

無處不在的飯店與帳篷除了破壞景觀、衝擊生態，也開始與綠洲農民爭奪水資源。

沙漠裡的游泳池

只需稍稍跟在這兒生活的人們身後，看著他們如何與大地共存，水之於生命的意義，以及棕櫚樹對於傳統生活不可或缺的價值，隨即昂然彰顯。

摩洛哥大部分國土皆有缺水疑慮。聯合國指出，到了二〇三〇年，水資源需求將超過全球產量四十％，缺水問題在北非與撒哈拉以南國家尤其嚴重，摩洛哥將在未來二十五年裡損失八十％水資源。據二〇二〇年世界資源研究所（ＷＲＩ）針對全球一百六十五個國家的調查，在最受水資源短缺威脅的國家排行榜裡，摩洛哥高居第二十三名。

氣候變遷下，摩洛哥的乾旱發生率從過去七到十年為一周期，縮短成兩到三年。二〇二二年，摩洛哥面臨四十年來最嚴重的乾旱，苦於灌溉水源不足，迫使農民棄耕，數座水壩儲水量更是達到史上新低，沙漠地帶尤然。

遇上嚴重旱情，在國王穆罕默德六世指示下，全國清真寺有時會選定某個周五進行祈雨禱告，於近午時分，由村子裡的伊瑪目帶著眾人在空地上禮拜，祈求阿拉降雨，貝爸生前也會參加。在極度缺水的沙漠，眼見雨遲遲不來，除了祈禱，還能怎麼辦？而觀光客啊，永遠不會看見這一幕，依然大方入住極度耗水、附設游泳池大飯店，享受屬於他們的歡樂假期。

飯店日常清潔與遊客盥洗的用水量極大，不少觀光客忘了這裡是沙漠，早中晚共洗三次澡，耗費大量清水。此外，觀光客既要享受沙漠的異國情調與浪漫風情，又想同時擁有現代生活的舒適便利，為了迎接尊貴嬌客，梅如卡稍具規模的飯店皆有游泳池，好讓觀光客即便到了沙漠都能享受一池澄澈，而早期這些游泳池廢水在排出前，並未經過任何處理。

另外，雖然家家戶戶皆有自來水，飯店為了節省水費、獲得最大利潤，往往自行在沙丘群外圍鑿井，將免費的天然水源自沙丘底層源源不絕地引至游泳池，再加上氣候乾旱等因素，導致坎兒井水位下降，綠洲農田灌溉水源不足，一旦棄耕者眾，便是良田的死亡。

多年前便有綠洲農民抗議，請飯店業者停止鑿井，不再使用沙丘裡的儲水做為飯店清潔、客人淋浴及游泳池之用，雖經多次協商，業者仍充耳不聞，當地政府不聞不問且無法可管。

一旦綠洲農民無水灌溉祖先的田，只能成為駱駝伕，帶觀光客一遊沙漠，奢望以此換取一家溫飽。現今幾乎村裡每戶人家都有成員在觀光業服務，和諧的人際關係關乎現實生存，村民對飯店業者鑿井取水的行為只能睜一隻眼閉一隻眼。

類似情況同樣在穆哈米德上演。沿著綠洲聚落的大馬路，一座座寬敞、舒適、現代便利的飯店紛紛冒出，多半附設游泳池。

一位在梅如卡經營多年的法籍飯店業者親口告訴我，世界上不可能存在一座「環保的游泳池」。沙漠高溫下，太陽曝晒，游泳池的水蒸發極快，不時得請工人清理落在池面的葉子之外，若遇沙塵暴，還必須排光池水才能清理堆積在池底的厚沙。她試過好幾種回收泳池廢水的方法，終究發現除了灌溉庭院裡的植物，不可能有其他用途。

偏偏一座讓游泳池缺席的飯店，很難吸引想來沙漠度假的歐洲觀光客。「天堂島嶼」民宿經營困難，不時有人善心建議我在院子裡設個游泳池，更容易吸引觀光客。我很困惑，在缺水的沙漠建造耗水的游泳池，這簡直就是「犯罪」，為什麼人們如此理所當然地認為觀光客的期望都應該被滿足？

有一回，貝桑接到一組五位客人，說好在民宿內吃柏柏爾傳統披薩，貝桑親自煮了一大壺茶，準備服務客人用餐。

待客人抵達，其中一位法國女人一走進來就傲慢地說我們民宿不夠好，堅持坐在游泳池旁用餐。她的摩洛哥夫婿盡力安撫、陪笑臉，無奈嬌貴的法國仕女依舊臭著一張臉，看什麼都不滿意。

貝桑火了，說我們都已盡力準備，茶與餐盤都特地為他們準備好了，我們賣的是披薩，不是游泳池，請他們把披薩帶走，愛去哪裡吃就哪裡！

看著一行人走出民宿大門的背影，我簡直無法相信自己的眼睛。設備、環境和氣氛的確影響用餐愉悅度，但美好氛圍與浪漫情調往往是錢砸出來的，氣候變遷已是當今最受矚目的全球性議題，即便現下沙漠觀光業前景一片看好，遊客人數不斷往上衝，我從來不確定如此好光景可以維持到幾時？畢竟乾旱問題不曾解決，極端氣候發生的頻率只會持續增加，更糟的是目前慣行觀光業操作方式對沙漠環境負擔太大，我們這個世代正在預支未來世代的資源。

沙漠裡的垃圾山

梅如卡不僅是觀光客必訪的旅遊勝地，也是觀光業如何造成環境汙染的代表性例子之一。除了爭奪水源的情事在綠洲農民與飯店業者之間悄然發生，讓沙漠生態窒息的垃圾也隨著觀光人潮隨處飄揚，加劇環境疑慮。

二〇一一年我服務於摩洛哥人權組織時，曾經前來梅如卡了解氣候變遷與觀光業對人及土地的影響。當時我便詫異地發現，只要觀光客多的地方就是處處垃圾，塑膠袋滿天飛，駱駝伕甚至笑著對我說：「妳別看沙丘很乾淨，只要往下一挖，滿滿的啤酒罐。歐洲人很喜歡帶著啤酒在沙丘上看夕陽，喝完後隨手把啤酒罐埋到沙丘裡，我們帳篷的垃圾也是找個沒人的地方丟就好，反正垃圾帶回去，垃圾車也只是蒐集起來，同樣載到偏僻的地方丟掉。」

我問：「你們不怕沙漠處處垃圾，觀光客不想來嗎？」

「放心，阿拉很強大，只要一場風，就把垃圾統統吹向阿爾及利亞！」駱駝伕樂天地說。

那時我將沙漠處處垃圾的影像拍了下來，做成影音報導，在人權組織的網站發布，希望能引起更多人對沙漠生態的關注。

兩個月後，我與人權組織上司慕禾恰巧一同回到沙漠，閒聊中，慕禾得意地對飯店業者分享我的調查成果，飯店業者卻皺著眉頭，擔心地說：「如果讓外面的人知道我們梅如卡到處垃圾，觀光客就不來了。」

慕禾與我當場愣住，萬萬想不到得到如此回應，氣氛相當尷尬。慕禾很快地告訴他，我們必須正視垃圾問題，否則有天當梅如卡整個沙丘群都是垃圾，不僅觀光客不會來，更是破壞生態，一切都將無法挽救。幸好蓬勃發展的觀光業讓地方政府正視垃圾問題，進而改善。

同樣地，二〇一一年我走訪穆哈米德時，也在離聚落約兩公里處赫然發現一座垃圾山，占地極廣，臭氣熏天，令人本能地閉氣，不敢呼吸。當地居民於此任意傾倒可燃與不可燃垃圾，垃圾堆積成山，惡臭難忍，隨處可見驢、羊與駱駝等動物屍體。不僅野狗群在垃圾堆尋找死屍，大快朵頤，垃圾與惡臭更隨著沙漠狂風四散。當地政府不處理垃圾，由居民自行解決，在這貧困偏僻之地，居民自是採用最經濟省錢的方式：將垃圾丟棄在沙漠裡。

據說從前沙丘乾淨美麗，毫無汙染，沙漠傳統生活完全不使用任何工業化產品，八〇年代，觀光產業逐漸興起，塑膠袋、玻璃瓶與鋁罐等工業化用品隨著觀光客來到沙漠，造成極大汙染。長年乾旱讓沙丘形成更為迅速，一旦沙丘累積垃圾，往往阻擋風將沙子帶往更遠的方向，逐漸在垃圾所停留的地方形成沙丘且持續極長時間，若情況持續惡化，有天沙丘將大舉侵襲綠洲。

向來只與大自然相處的遊牧民族沒有能力處理工業化垃圾，往往只是挖個洞，簡單焚燒，就地掩埋，不利於自然與人體健康，近幾年甚至出現一些之前不曾有的疾病。

觀光業確實有助於地方經濟發展，卻未將垃圾處理納入考量，在沙漠中隨手亂扔的塑膠袋可以維持一世紀以上而不腐化，玻璃酒瓶則可能割傷赤腳行走在沙漠中的遊牧民族。

事實上，直到今日，人類都不曾想出徹底解決工業化垃圾的方式，沙漠的特殊地理環境與自然條件，不過是讓垃圾問題更加無所遁形。

瘋狂的越野沙灘車

觀光產業堪稱雙面刃，可以振興當地經濟，創造工作機會，將年輕人留在故鄉，甚至吸引外來人口，卻也破壞環境於無形。

除了游泳池，另一個危及沙漠生態的觀光活動是橫衝直撞的越野型沙灘車（又稱「全地形車」，譯自 All Terrain Vehicle，縮寫ATV）。沙灘車馬力十足，可在各種地形橫行無阻，主要消費客群以酷愛越野、紮野營的歐洲人為主。

為了追求快感與刺激，沙灘車肆意馳騁，罔顧製造的噪音、廢氣與揚起的粉塵，對沙漠生態摧殘尤大。車輪輾過好不容易長出的植被，失去的便是沙漠野生小動物的糧食，土壤因車子壓輾而愈發堅硬，難以生長植物。尤其沙漠乾旱不止，土壤愈形乾燥澆薄，連帶空氣裡的粉塵愈重，每當沙灘車隊疾駛而過，揚起漫天粉塵，讓人無法呼吸。

我常感荒謬，都市文明人為了逃避城市喧囂與快節奏的生活步調而來到沙漠，卻駕著沙灘車四處狂飆，享受極速快感，摧毀原有的靜謐祥和。

沙灘車出租在梅如卡少說十五年之久，由一位義大利人引進，當時他與當地人合作，以低廉價格買下梅如卡外圍的荒地，蓋了寬敞現代的長方形水泥屋舍，做起沙灘車出租生意，還娶了個柏柏爾女子。那時村裡人笑他傻，沙灘車價格不菲，客群少，根本是賠錢生意。

怎知不消幾年，沙灘車深受追求刺激的歐洲觀光客喜愛，讓義大利人賺得盆滿缽滿，還在沙灘車出租店旁開了家餐館。幾年前他過世後，遺孀將沙灘車生意交給娘家經營，每個月坐等收錢。

這麼賺錢的生意，看在所有人眼裡，自然也想如法炮製。

二〇一一年我首次前來梅如卡時，貝桑家族老宅算是在村落外圍，附近全是荒地，沒幾戶人家。二〇一五年我回沙漠定居，民宿大門斜對面遠方空地被城裡人買下，蓋了三層樓高的水泥屋舍，將沙灘車出租與維修一把攬下。自此，一到傍晚，鄰近一帶車聲隆隆，沙灘車隊正趕忙衝向沙丘看夕陽呢。

沙灘車出租店帶來不小人氣，附近接連開了餐廳、咖啡廳、觀光用品店與白帳篷訂購專門店，汽機車修理店一間一間開，二〇一九年甚至出現村裡第一家可購得歐洲食品的小型超市。

有一回，我和貝桑經過一處正在興建中的水泥屋舍，貝桑說那是碧霞飯店大筆投資，打算經營沙灘車出租。我不禁啞然失笑，想起艾里曾對我抱怨沙灘車如何製造噪音，甚至危及帳篷區客人安全，萬萬想不到，兩年過去，連他也開始投資沙灘車了。

在曠野荒漠橫行無阻的沙灘車，對脆弱的沙漠生態造成什麼樣的影響？多少生命在觀光客恣意歡暢的輪下殞落？相關調查研究，我至今沒見過一個。

二〇二〇年一月一日夜裡，我聽見家族羊棚傳來幼犬嚶嚶哭泣的聲音，趕緊拿著手電筒趕過去一瞧究竟，果然在羊棚角落發現一隻在黑暗中瑟瑟發抖的小奶狗，我不忍，明知貝桑肯定不悅，還是將牠帶了回來，取名「憨吉」。隔天，一隻灰藍色幼貓走進民宿，見貓雙眼感染，我破例收留，取名「豆灰」。

那時憨吉約莫一個半月大，豆灰稍大些，在豆灰姊姊陪伴下，憨吉健康活潑地生活在民宿裡，頑皮可愛，擁有一對奔跑時會隨風飛翔的耳朵。約莫五個月大時，憨吉開始展現明顯的守護犬性格，見流浪犬經過，即使那時身形稍小，仍英勇撲上前去，非把外來犬趕跑不可。

憨吉是中大型犬，時日漸長，需要的活動空間愈來愈大。我不忍將牠關在民宿院子裡，若綁在民宿前的樹下，鄰居小孩不時逗弄，惹得憨吉汪汪叫，同樣不堪其擾。

貝桑雖對動物有愛，卻不願在民宿裡養狗，一來民間傳說大天使吉卜利勒拒絕進入家裡養狗的人家，二來有些客人怕狗，希望將憨吉送給更適合的人家收養。

有天，貝桑說，沙丘後方某個帳篷營區需要一隻守護犬，不如我們將憨吉帶去，沙丘天寬地闊，憨吉在那裡可以自由奔跑，有工作，有飯吃，有朋友，比成天關在民宿好。若憨吉不愛營區生活，我們再帶牠回來。

我明白貝桑的用心，雖不捨，仍讓憨吉去營區上班。

好在，憨吉一到營區，如魚得水，歡樂地在沙丘跑上跑下，到處交朋友，隔天我去看牠，牠熱情地跑來跟我打招呼，隨即巡邏營區，上工去了。不僅工作人員疼牠，憨吉也很認真顧營區，是條好狗，後來還結交狗友黑嘴，日子愜意得不得了。

本以為快樂無憂的狗日子將持續下去，二〇二一年十月廿八日，憨吉卻走了，被歐洲觀光客的車輪帶走了生命。

二〇二一年，飽受疫情打擊的觀光業稍稍回溫，首先出現的就是盛大的歐洲拉力賽。在每年定期舉辦的各項拉力賽裡，沙漠是極為標誌性的一站，賽車隊在梅如卡村外紮營，貝桑三哥與村裡商家便在拉力賽營區附近搭起帳篷，賣些觀光紀念品，有些賽車手會騎駱駝，順道買些紀念品，貝桑有時候會去幫忙陷在沙裡的賽車手脫困，賺點服務費，大哥長子專業修車，偶爾隨車隊外出工作，收入頗豐。這些工作雖說邊緣且屬於暫時性質，點滴資源卻也養活了一個又一個家庭。

那天早上，憨吉和黑嘴正在沙丘上快樂地玩耍，一輛歐洲賽車在沙丘上橫衝直撞，離營區太近，很危險，憨吉衝過去想趕走賽車、保護營區，賽車手根本不管，直直朝憨吉碾去，憨吉瞬間倒地不起，所有人見狀，衝了過去，賽車手明知撞到狗，連停都沒停，揚長而去。

憨吉沒有外傷，也沒流血，很快嚥了氣，黑嘴傷心得好幾天不吃飯，平時照顧憨吉的營區工作人員更是傷心得不得了。

沒人知道到底是誰撞死憨吉，當然也沒辦法要他為憨吉的死負責。如果連一隻營區守護犬在眾目睽睽下被歐洲賽車撞死且無人必須為這條驟逝的生命負責，又有多少野生動物的性命因各種觀光性質的車輛而殞落，悄然無息間？

在梅如卡附近的柏油路旁，不時可見三到十歲的孩童們雙手高高托舉著一團淺色毛絨絨的生物，朝往來車輛招攬著。那是撒哈拉特有種耳廓狐（學名 *Vulpes zerda*），世上最小型的犬科動物。生活在沙丘群裡的牠們有著一雙神奇大耳與靈動大眼，聽力敏銳，皮毛鬆軟且帶奶油色，漂亮細緻。

耳廓狐為夜行性動物，為人類陷阱捕捉後卻成為謀財工具，白天被小孩抓著，在柏油路旁和觀光客拍照、賺錢，暴露在白燦燦陽光下與隆隆車聲裡，被迫成為沙漠觀光產業鏈裡的一環，讓人不忍。有些孩子甚至不過三、四歲，往來車速極快，險象環生，時有意外。

我數度想買下並放走孩子們手中的耳廓狐，但也知道，只要還有觀光客願意為了和耳廓狐拍照而付費，即使放了眼前這一隻，都會有下一隻失去自由。

一頭駱駝賺得比一個男人多

幾乎可說是摩洛哥普遍現象了吧，乾旱讓撒哈拉遊牧民族不得不放棄逐水草而居的傳統經濟型態。依據摩洛哥政府一九九四至二〇〇四年間的人口普查，穆哈米德的居民人數從八千五百零八人降至七千七百六十四人，減少八・七四%。

即便有了水源灌溉，土地也只種得出椰棗與一年一收的小麥，另以稀疏植被餵養羊群。農作物與羊群值不了多少錢，沙漠居民幾乎只能仰望觀光發展來養家活口，因此家家戶戶或多或少全與觀光業頗有些關係。

無論遊牧經濟或轉入觀光產業，生存在沙漠向來殘酷。觀光旅遊既已成沙漠經濟命脈，創造為數可觀的就業機會時，也讓競爭愈來愈激烈。由於除了為觀光客服務幾乎毫無其他工作機會，旅行社與飯店業者剝削當地僱工因之成為常態。

穆哈米德的艾撒就曾對我說，帶觀光客到沙漠體驗遊牧生活，他得負責食物採購、導遊並幫旅客烹調食物，一手包辦所有事，一天工資卻不過五十迪拉姆（折合台幣不足兩百塊），而觀光客支付沙漠旅遊的價格，一整天的行程喊價有時高達五百到一千迪拉姆。旅遊業者、飯店主人與像艾撒這樣年輕受僱者之間的權力不平等及剝削關係，一目瞭然。若艾撒與飯店老闆討價還價，老闆永遠都能找到願意讓他剝削的人。

一回，艾撒帶幾十個觀光客前往沙漠體驗遊牧生活，整整七天又是颳風又是下雨，睡覺時觀光客全躲在溫暖乾燥的帳篷睡袋裡，任他一個人在外頭吹風淋雨。七天折騰下來，他不曾有一句怨言，卻難過於老闆不曾思及他的需求，永遠把他當廉價勞工，以超低工資剝削他。

觀光客支付的沙漠旅遊費用包含駱駝租用費及食宿等雜支，一到旺季，駱駝租用費水漲船高，駱駝伕工資卻固定不變，意即一頭駱駝可掙得的錢，遠比一個男人還多。每回駱駝伕跟著出團，期望的收入並非飯店經營者支付的工資，而是觀光客賞賜的小費。

我曾問駱駝伕阿里走入這行前是否接受過相關訓練。他搖搖頭，手上不停整理，回答「就是邊做邊學」。

我問：「這樣一趟出遊，你得牽著駱駝在沙丘走上數個小時，還得幫忙煮飯，會不會覺得工資有些偏低？」

他說：「每回出團，即使只在沙漠過一晚，工作時間也將近二十四小時，累個半死，光是買頭巾的錢就比工資高。」

我問：「不能穿一般衣服嗎？那你喜歡穿傳統服飾嗎？有沒有可能……」

阿里打斷我的話，直率地說：「帶團時，我根本不可能不穿傳統服飾，觀光客要的不只是沙漠，還要沙漠的魅力、沙漠的風情！」

是啊，當觀光產業已成偏遠沙漠地區的主要經濟支柱，當沙漠地理景致與當地傳統民俗已成觀光商品，傳統服飾便是這些仰賴觀光維生者的「工作服」。

我問：「為什麼不要求老闆抬高工資？」

阿里說：「所有駱駝伕都只拿這個錢啊，我如果不做，還有很多人排隊等著搶呢！這地方除了當駱駝伕，幾乎找不到其他工作了，更何況這種打零工的機會也不是天天有，只有觀光旺季才有需求，所以只要一有工作，對薪水再怎麼不滿意，還是得做。」

我問：「你賺的錢足夠負擔自己的生活費嗎？」

阿里說：「根本不夠！所以我現在還住家裡，偶爾在家吃飯，偶爾來這裡幫忙打掃，可以用餐。身上一毛錢都沒有的時候，家裡的人會塞點錢給我，這種日子是不至於讓人餓死，但活得不舒坦。」

我問：「你想過到其他城市工作，賺更多錢嗎？」

阿里說：「到外地工作，即使收入較高，但花費同樣很高，我還是存不到錢，如果留在這裡，家裡人有個照應，偶爾打個工，生活還算過得去。」

在穆哈米德，旅遊旺季時藉由觀光客住宿費與沙漠旅遊等活動，飯店可維持一定收入，雖然扣除日常基本開銷後，利潤其實不高。但一遇淡季，尤其是沙漠氣候極度乾熱的六月、七月與八月，完全不見觀光客蹤影，所有飯店將長達數個月毫無進帳。

觀光淡季時，平時在飯店工作的人多半鳥獸散，各自尋找勉強餬口的打工機會，換言之，唯有少數飯店老闆願意提供固定薪資。一般來說，只有觀光旺季飯店有進帳時，員工才有薪水，淡季時，就算耗上一整個月幫忙打掃，一毛錢也拿不到。

對於敏感棘手的「勞工基本權益」，飯店業者認為，收入不穩定是所有沙漠旅遊業者的共同問題，外客不來時，飯店毫無收入，若還得支付員工薪資，加上水電等基本開銷，根本沒有任何一間飯店營運得下去。非觀光旺季不雇用員工，或僅提供食宿不另給酬勞，因之成了某種不成文規定且行之已久。

此外，不少豪華飯店業者為英、法、德與西班牙籍，帶著當地人窮盡一生都無法累積的龐大資金來做投資，無論裝潢、建築或整體規模，營建資本完全不是收入僅足以糊口的當地人所能負擔。

從「無痕」旅遊到「另類」旅遊

打從二〇二一年走入撒哈拉至今，撇除疫情不談，沙漠旅遊業前景可說一片看好。但遊覽車雖載來一群又一群蜂擁而入的國際觀光客，所有人卻騎個駱駝、拍個照就走，改變了遊牧傳統，也衝擊脆弱的沙漠生態，而且真正賺大錢的依然是資本雄厚的大財團飯店與大型旅行社。

在自己土地好好活著是遊牧民族的夢想，隨著極端氣候益發激烈，夏季熱浪衝擊全歐各國，觀光業對沙漠環境的破壞愈形尖銳赤裸，製造驚人噪音、揚起大量粉塵且橫行無阻的沙灘車數量暴增，大飯店游泳池不知節制用水，喧囂人聲與轟隆車響讓野生動物在沙漠愈形沉默。我不知在這樣的世代，如此簡單的夢想是否終將隕落。

或許正如貝桑和我保護老檉柳一樣，在在凸顯的都是我們這個時代的難題：在現代消費習慣、經濟發展與自然生態之間的尖銳衝突。

眼見數家大飯店雇用推土機鏟平沙丘、整地，一座座豪華白帳篷區在沙漠懷裡誕生，我不禁啞然失笑，撒哈拉旱象不解，前陣子好不容易下了場雨，沙丘是溼潤的，一旦鏟平，水分又將迅速佚失，植物被連根刨起，死去。這對於地球氣溫的增加，甚至是沙塵暴的發生，是否會產生影響？一棵棵大樹失去青翠枝幹、倒下，化作帳篷區營火以娛國際遊客，野生動物因而失去庇蔭，再過幾年，沙漠還剩什麼？

殘酷現實的背後，不是個人或一家飯店的問題，不是業者或觀光客單方面的問題，而是整個龐大體系所造成。

早年沙漠觀光不似現在制式單一，除了騎駱駝上沙丘，還有健行、野外露營和以吉普車為代步工具地深入沙漠，玩法相對豐富多元，也能分散旅客對單一區域的衝擊，並讓更多人擁有工作機會與些許收入。

今日絕大多數觀光客到撒哈拉幾乎只進行同一件事：騎駱駝到沙丘走走、睡睡帳篷，這讓啥都包了的廉價團大行其道。為了吸引消費者上門，大飯店開始在設備上比拚，帳篷區一座座冒出來，設備愈形現代齊全，幾乎是完全不顧對沙漠生態衝擊地把都市享受搬進了沙漠。想當然耳，唯有資本雄厚者才能如此操作並從中獲利。連帶地，觀光業者以圖文為夕陽中的沙丘美景大打廣告，不知情的觀光客也真以為來沙漠只有騎駱駝上沙丘這項活動。

此外，臉書與ＩＧ等社群網路迅速影響現今的旅遊模式，打卡、拍照、上傳、按讚並分享等一連串動作，讓愈能受網紅青睞，愈 instagrammable 的景點愈受歡迎，連帶讓拍照成了沙漠旅遊重點活動。為了成就一張美麗的照片，豪華白帳篷各種為拍照而生的人工設備愈來愈多，除了吸引客群，更希望藉由客人照片分享來為自己的營區打廣告。

觀光客來到撒哈拉想「親近自然」，但那個「自然」往往是「被馴服的自然」，甚至是「想像中的自然」，而一個「被馴服且是想像中的自然」，往往就是「受到傷害的自然」。

天地創造的物種難以計數，每個生靈在整體生命網絡上，必有其獨特意義與價值。好比沙漠最近下了一場雨，落在豪華飯店的游泳池，也落在綠洲農田，落在湖泊與古井，落在能儲水的沙丘，同樣落在澆薄碎石地，好讓石地長出點點綠草，讓羊兒可以吃飽，也讓遊牧民族得以活下去。

地球所有生靈全活在相互影響、彼此牽動的一張無形網絡，旅者行走一地，之於旅者的「景點」是諸多生靈的「原鄉」，旅者的造訪不會全然「無痕」，而是形成強大經濟力量，影響當地人生活，甚至形塑自然地貌。那是雙面刃，可以養活僅能靠觀光業維生的遊牧後裔，實實在在改善他們的生活，同樣也可以摧毀傳統與生態於無形。

「美國生態保育之父」李奧帕德（Aldo Leopold）在《沙郡年紀》裡寫著：「對保

護原始生活所做的一切努力注定枉然，因為若欲珍惜，我們需要親身看到和觸摸到，而當有夠多的人看到和觸摸到以後，能夠珍惜之物也已蕩然無存。」

法國文學家戴松（Sylvain Tesson）在《貝加爾湖隱居札記》也說：「大批群眾倘若湧向山林，必將一併帶來他們離開城市時所聲稱要躲避的惡事。」

遙望旅遊業對沙漠生態不經意間的摧殘，潔淨無痕的沙丘因觀光客足跡與車痕而面目全非，四處飄揚的垃圾，被沙灘車輾壓的植被，飽受噪音與空汙干擾的野生動物，因飯店游泳池而被剝奪灌溉水源的綠洲農田，尚不知有多少觀光客震懾於撒哈拉豐沛強大的自然療癒力，因而對大自然產生敬畏甚至珍惜之心，沙漠裡的野樹便已被砍下，化作夜間娛樂嘉賓的營火。沙漠當地業者明知是絕美的自然景致吸引觀光客，讓他們有錢賺，環境保育及永續概念依舊模糊，遑論實際行動。

我告訴自己，若能找到適恰的旅遊型態，不僅可以減少對環境的衝擊，甚至可以成為對人與土地的回饋。如果能帶領遊客深深領會撒哈拉之美，對自然的愛油然而生，所謂的「環保愛地球」等實際行動也將有了在未來發生的可能。

這幾年的實際經驗更讓我明白，「無痕旅遊」只會是讓人在後面追著跑的理想。人在地球的每場行動莫不真實影響地貌與地表上的生命網絡，旅遊所造成的汙染與資源耗損就是在那裡，然而，若能帶著相對清明的意識行動，對大自然賜予與他者勞動和付出有更多感恩，一場旅行的意義與所能帶來的影響，就將有所不同。因此，就算只有我一人，「天堂島嶼」依然戮力不懈推動對人與土地都更友善的「另類旅遊」，提醒遊客關於「旅行者對人與土地的責任和義務」。

有人說我很有理想，有所堅持，這雖然好，可在「生存」與「商業經營」面前，有時不得不做出妥協。

然若以越野型沙灘車為例，我絕不可能放入旅遊服務裡，因為心裡無比清楚沙灘車對沙漠生態的衝擊何等劇烈，遑論此一旅遊消費形式恰恰背離了撒哈拉帶給我的能量。

撒哈拉巨大豐沛的自然療癒能量往往讓我因感受己身渺小而震懾，而無語，於那當下，自我消融不見，將內在空間短暫讓給了意識清明與平安寧靜。然而，當遊客坐在沙灘車裡，恣意暢快中，聽不見自己在沙漠製造出來的巨大噪音，破壞沙漠獨有的靜謐，揚起漫天粉塵給鄰近居民，被放大的是傲慢自我，卻與撒哈拉瑰麗壯闊所能帶來的感動與能量擦身而過。

即便妥協，仍有「底線」，仍有不可背棄或扭曲的「核心價值」。

好友M曾告訴我：「改變世界並不重要，那是神的計畫。每個人最大的努力，應是工作自己的意識。紛爭是人受物質屬性影響，產生欲望所造成的，激情與愚昧的屬性，唯有真正的良善才能保護靈魂行走物質界而不致墮落。我們小腦袋不可思量神的計畫，唯有內在之路可以得到救贖。有時外顯，像是要改變世界般，然那也只是成熟之後，而不是初衷。也請記得，不要被自己的欲望綑綁。沒有什麼比自己真實快樂地活著更重要，要不然所謂的理想，只會變成枷鎖。」

這一路絆絆磕磕，收入僅供維持基本生存，推動「另類旅遊」的成績稱不上符合世俗對「成功」的定義，種死的樹遠比活下來的多，需要協助的貧窮弱勢藏身各處，而我永遠只能拉眼前這一個。

並非我認定這場志業終將成功，不，不願放棄的，不過是心中那份愛與希望，因為那讓我「打從靈魂裡快樂起來」。懷抱初衷，即便跌倒，都不曾讓我停下既定腳步，依舊堅定地相信，一個對人與土地更加友善、具有永續性發展的旅遊業，絕對是所有地球人都該追求的，我不過是千千萬萬勇於實踐夢想的地球人之一罷了。

觀光旺季，沙丘上擠滿看夕陽的遊客

遊牧民族傳統黑帳篷以木條撐起，並以地毯權充門

↑↑ 篷內僅鋪一條廉價地毯，再放上薄床墊、靠枕與毯子

↑ 一席薄床墊、毛毯與靠枕，衛浴與主人共用，早期梅如卡出租給遊客的民宅房間大抵如此

宛若五星級飯店的豪華白帳篷沿著沙丘群外圍散落，內附獨立衛浴，從彈簧床、手織地毯到木製家具都是重本投資，一頂就像一間小套房，更加符合現下遊客對沙漠旅遊的想像

吉普車

越野型沙灘車

越野摩托車

沙漠的特殊地理環境與自然條件讓人類製造的垃圾更加無所遁形

↑↑ 世界上不可能存在一座「環保的游泳池」

↑ 防砂堤

沙丘既是梅如卡日常風景，村人自然泰半以觀光業為生

豆灰與憨吉

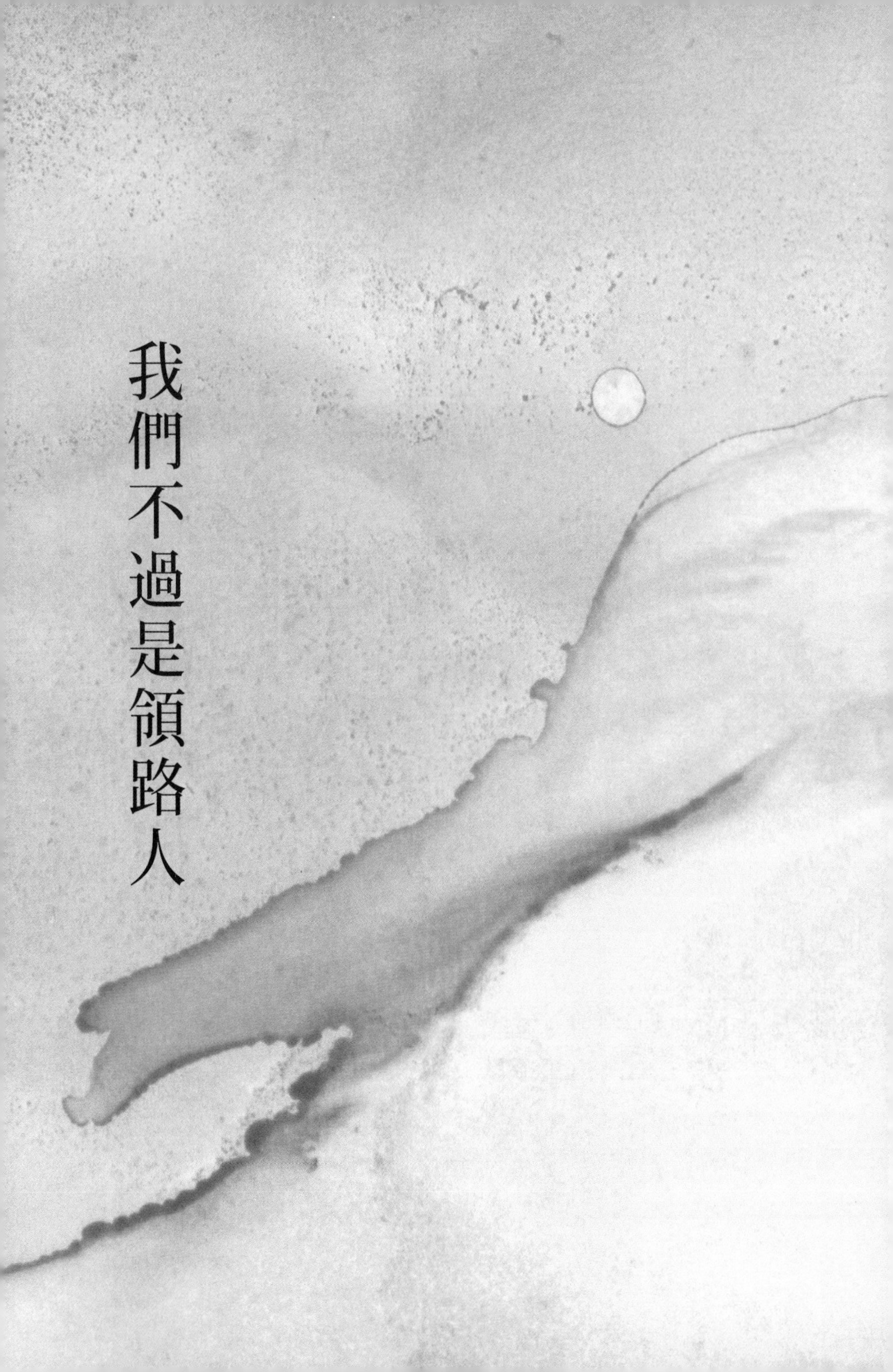

我們不過是領路人

摩洛哥旅遊業發展於法國殖民時期，由利奧泰（Louis-Hubert-Gonzalve Lyautey, 1854-1934）將軍首先制定旅遊政策，鎖定法國人與富豪階級為服務客群，建造豪華飯店，提供舒適的休憩地，馬拉喀什知名的瑪穆尼亞（Mamounia）豪華飯店即此政策下的經典成功例子，同時也為法國投資者展現摩洛哥所具備的商機。

沙漠旅遊同樣發展極早，遲至四十年前，梅如卡已有人投入觀光產業。初期形式較為簡單，主要消費客群為法國及西班牙等歐洲遊客，以「荒野探索」為主要旅遊目的，相對願意體驗在地生活，對簡樸的飲食、住宿與各種突發狀況接受度較高，也給了苦於乾旱的遊牧民族走入觀光業的機會，紛紛放下羊群，做起牽駱駝、嚮導、提供飲食、後勤補給與協助購物等工作。畢竟若無當地導遊帶領，「外來者」到了沙漠根本寸步難行。

這種帶領外來旅客深入當地生活的旅遊性質接近伴遊，無需事先規劃、細膩導覽、專業知識或事前籌備，泰半仰賴遊牧民族對沙漠的熟悉來解決旅客的各種需求。因而致富者有，甚至成功拓展成家族企業。

然而，並非每個從遊牧轉入旅遊業的當地人都跟得上市場變化的速度。隨著遊客性質與需求逐漸改變，對食宿標準愈來愈高，行前除了要求確認各項規劃與細節，亦有了既定期許——例如在特定景點拍照。遊客人數也從自由行小團漸轉成旅行社主導的大團，原本彈性的行程逐漸固定下來，方便旅行社與領隊按表操課，同時避免消費爭議。

另一方面，隨著沙漠旅遊業蒸蒸日上，相關業者早已不只沙漠中人，更多的是開設在大城市的摩洛哥旅行社或規模宏大的觀光飯店，提供完整套裝行程並提升硬體設備之外，也殘酷地進行削價競爭。

與此同時，雖然遊牧民族最大資產與本錢是對沙漠的知曉，沒有人比他們更熟悉、更懂沙漠，但慣行旅行團的需求僅止於騎駱駝上沙丘看夕陽或日出，讓他們毫無用武之地。

尤有甚者，因缺乏教育、知識及專業訓練，他們多半無力將沙漠的多元素材商業化成可供消費的旅遊產品，面對現下的產業生態與廝殺愈形慘烈的同行競爭，一旦無法做出更細緻豐富且獨到的行程規劃，所有人便只能搶同一門生意，除了難以在已然白熱化的削價競爭中存活，更常落得在貧困裡空轉的窘境。

偏偏，知識匱乏與思想僵化讓他們無法理解自身弱勢何在，仍維持著熟悉的舊有生活方式，缺少主動學習、創造與想像力，遇到新狀況時，由於資訊與經驗不足，無法立即反應。

貝桑四哥就是最佳實例。

四哥十幾歲起便在各大飯店打工，舉凡打掃、照顧駱駝、幫觀光客牽駱駝、在曠野烹煮三餐、嚮導、開吉普車，甚至打鼓歌唱娛賓，全屬於他這種打工仔的服務項目。由於薪資微薄且不固定，四哥遊走各大飯店，哪兒缺工哪兒去，平時守在村落入口，若遇遊客開車入村便攔下車子，兜售住宿、導覽與騎駱駝等服務。四哥可說整個生命不曾離開沙漠旅遊業，結識相關業者，也與一些歐洲遊客成為好友，而這些人脈全是謀生不可或缺的重要條件。

有一年，西班牙朋友介紹了一團客人給四哥，說好在沙漠待上一周，卻提早幾天離開，理由是「西班牙路途遙遠，臨時決定提早出發，以免旅途過於疲憊」。突如其來的決定讓四哥一下子少了好幾天收入，失望不在話下，我想真正原因應該就是四哥的帶團方式仍然接近早期的伴遊，每日行程差異不大，已無法滿足現代消費者。

來自社區小旅行的啟發

「天堂島嶼」民宿因不在觀光客最愛的沙丘旁，房間數少，無游泳池，難以和老牌民宿或設備齊全的飯店競爭，偏偏又緊鄰貝桑家族老宅，模糊的空間界線不時造成文化衝突，我很快地將發展重心放在導覽上。

沙漠滿是豐富多元的自然與人文「素材」可以發展成既細膩又有深度的旅遊產品，但絕對需要縝密規劃、長期執行並排除種種困難，當然還得成功找到適合的客群。

洪震宇《風土經濟學》書中提出以深度「社區小旅行」將旅客帶入在地文化，進而活化地方、促進地方創生，讓我有了「仰望美好世界」之感，也喚醒了心中某種美好憧憬與難以言說的「初衷」。

貝桑和我雖有能力操作坊間常見的沙漠旅遊規劃，但因規模小，設備與價格不如旅行社有競爭力。此外，我也更相信一個地方獨到的風土人情絕對能吸引渴望深度旅遊的客群，即便市場小眾，需時間經營且完全靠口碑，撒哈拉深度導覽依然可以成為只有我們能做的獨門生意，且是一條具創造性的活路。

一如洪震宇提到的「說故事」——好好訴說一個地方的故事——我著手規劃「將撒哈拉的真實故事說予他人聽」的導覽行程。

撒哈拉太美了，豐富瑰麗而遼闊無盡，處處含藏人的故事，旅客來到這慈悲與殘酷並具之地，能做的絕不只是騎駱駝上沙丘，即便是眼前幫你牽駱駝的人都有屬於他的生命故事，而且是緊緊扣著你腳下這塊大地的故事。千里迢迢來到撒哈拉，卻對眼前一景一物與人的故事毫無所知，豈不可惜？

仰仗貝桑深諳沙漠自然地貌的「在地優勢」，我們勤作田野，蒐集第一手故事，規劃屬於「天堂島嶼」的獨家導覽路線，景點包括綠洲、湖泊、廢棄礦村、黑奴音樂村、古堡、遊牧人家、化石產地、史前古墓、史前岩刻畫、法國殖民時期的駐軍遺址與高聳沙丘等。

我們以吉普車代步，帶客人深入意想不到的曠野與無人祕境，佐以適恰導覽，讓客人欣賞美景的同時，亦能知曉荒蕪曠野中曾經發生的故事，希望不僅能走出市場區隔，更讓志業得以實踐。

就算同樣是騎駱駝，慣行沙漠旅遊頂多在沙丘上看個日出日落，來去匆匆，我們提供的選項之一是騎一整天駱駝，以極緩步調漫步連綿起伏的沙丘群。

實情是，騎駱駝最難的是放鬆，需要試著放下恐懼與掌控欲，感受駱駝上下沙丘的律動，依隨駱駝的節奏帶著自己走，也因騎駱駝的時間拉長，人就有了聆聽自然、和自己對話的空間，可惜節奏如此緩慢的行程如今愈來愈少見。

與其說這是創新，不如說是讓旅遊回歸最單純原初、來自大自然的強烈感動。我們做的，不過是將客人安全地帶入沙丘，至於客人會看到什麼、聽到什麼、體驗什麼、感受到什麼，甚至對自己有什麼新發現，那就是來自撒哈拉的禮物，完完全全是他或她和撒哈拉的「靈魂約定」。

又如遊牧民族不時感嘆乾旱一來，沙漠除了石頭什麼都沒有，天生反骨的我心想，既然如此，是不是能讓「石頭」也成為吸引觀光客的號召？試著將化石產地加入導覽之中，解釋眼前散落荒野的化石如何生成，在地質學上的意義等，讓客人更深刻地感知地球的古老與撒哈拉的瑰麗神奇。

為了多些「客製化」性質，我們讓客人自由決定前來沙漠的交通方式、在沙漠停留的天數、人數與偏好在沙漠移動的方式（吉普車、駱駝、自行車或健行），再由我們詳細規劃路線，安排水與食物等後勤補給，為客人量身打造獨家行程。住宿方面，除了飯店與帳篷區，若客人偏好野營，我們也可以準備簡易式帳篷，白天暢遊無人沙漠，晚上優遊到哪兒，便在那兒落腳、過夜，隨興自在。

多元豐美的沙漠生態

沙漠與綠洲的生態多元豐富，而最能在荒蕪枯槁的礫漠沙地瞬間幻化出生命的，莫過於水。

枯瘠荒涼大地上，生命以種子的型態沉潛著，靜待雨的到來。

不同地形，各有植被，雨一來，就能讓貌似水仙的白色小花燦爛一整座山岩。撒哈拉的美與生命力就在那裡，從乾枯岩山石縫冒出頭的小野花兒說著：「生命無處不在，只是靜待雨來。」

有一年，秋雨足，隔年初春，我與貝桑以吉普車帶客人深入沙漠，野地處處綻放紫色小野花兒，宛若一座天生天養的薰衣草花園，別說坊間沙漠團不會帶，即使親眼目睹都無法相信，撒哈拉竟也有野地紫花園，且是「花季限定」！

湖泊在沙漠的消失與復返，同樣端視於秋雨是否豐沛。

每回雨落，沙漠地勢自然讓雨水往「大湖」匯聚。雨若足，湖泊便返回沙漠，湖面布滿火鶴、野鴨與高蹺鴴（學名 *Himantopus himantopus*），無比熱鬧。湖畔則因水的滋潤，生長諸多植被，緊挨著地面生長的植物有著細膩的漸層色調，花瓣落了一地，映襯遠方橘紅沙丘群，很是美麗。繁密燦爛的植被亦是羊群與駱駝的最佳美食，駱駝伕將駱駝引來湖畔吃草，火鶴低頭在湖中覓食，湖面如鏡，映照天的藍，一場安詳寧靜的天地富裕。

長年乾旱讓湖泊縮小甚至消失，據說「大湖」曾經極大極大，爾昔遊牧民族並無丈量習慣，沒人說得出精準面積，只說直到二十年前，雨水豐沛時，湖泊深到可讓孩子游潛，湖中有魚，湖面滿是沙漠特有鳥類，火鶴、水禽與濱鳥，熱鬧一湖生命！

記得那回是日落時分造訪，金色夕陽灑在遠方湖水聚集處，瞇起眼，依稀可見火鶴、高蹺鴴與野鴨在湖面覓食，離我們不遠的石礫地上，幾隻白鶺鴒活潑地尋找食物蹤跡，那聰慧眼眸與雪白胸脯上的黑領巾，可愛極了！

另一回我們帶台灣客人來湖畔走走，見證水在沙漠的奇蹟，客人因湖在沙漠的存在而感動不已，直說好美！遠遠地，一隻鳥兒停在湖畔，定睛一看，竟是一隻鷹！沙漠之鷹，湖畔之鷹，多麼美麗神奇的天地造物！

降雨對沙漠生命整體來說，是好的，但水流雨勢也會在極短時間內大大改變地貌，讓我們必須因應自然因素，機動調整行程。

有一回，沙漠突然下起豪雨，大水四處漫延，一支水流注入附近的湖泊，一支水流往阿爾及利亞走，還有一些則滲入地底，補充水源。我們恰巧正帶著香港客人跑沙漠，原本的枯槁荒地成了泥濘淺池，無法通行，迫使我們不得不繞道，險象環生。行經一處，狀似堅硬石地，吉普車一駛入，車輪竟深陷泥淖，客人只得下來幫忙推車。終於脫困後，雖可繼續前行，貝桑仍得依據當地水文、先前雨勢及當下水的流量來判斷回程是否必須改道。

即便旱季，沙漠的生態依舊豐美。

走訪綠洲農田，獨特的坎兒井灌溉渠道在棕櫚樹間緩緩流過，可遇著麻雀、白鶺鴒、伯勞鳥、珠頸斑鳩與多種不知名鳥雀。到了偏遠旱地，偶爾可遇羽毛顏色與石礫相當接近的沙雞（學名 *Pterocles coronatus*），也只有貝桑的遊牧好眼力，才能在石礫堆裡認出保護色極強的沙雞。蜿蜒起伏沙丘裡，除了俗稱「沙魚」（Poisson de sable）的石龍子（學名 *Scincus scincus*）與尾巴長長的跳鼠，還藏了諸多有著一雙大眼睛與一對大耳朵的耳廓狐。

在沙漠最常遇到的動物就屬駱駝了。

摩洛哥已無野生駱駝，在荒野悠閒漫步、吃草的駱駝群，全由鄰近一帶居民或飯店飼養，駱駝伕很可能就在附近某個陰涼角落靜靜守護著。

貝都因人非常喜歡駱駝，甚至自稱「駝民」，駱駝對遊牧民族的重要性不言而喻，除了充當運輸載物工具，駝奶與駝肉可食，駝皮可做衣物及鼓面，駝毛可織成帳篷，駱駝可當新娘彩禮與綁匪贖金，更是計算財富的方式。

土耳其諺語說「駱駝走得雖慢，卻能抵達目的地」，有「沙漠之舟」之稱的駱駝聰明又通人意，以毅力、耐旱與揹馱重物著稱，過往馱載帳篷與所有家當，是遊牧民族得以逐水草而居的得力夥伴，抑或馱運貨物，駱駝商隊讓商品貿易在沙漠成為可能，此時則以載觀光客為主，依舊參與遊牧民族重要的經濟活動。

有一回，我們帶一對來度蜜月的香港新婚夫妻深入沙漠，不知是否感染了喜氣，竟偶遇當天剛出生的小奶駝，一雙大眼睛還瞇瞇的，尚未完全開眼，可愛極了！

遠遠地，我們看見小奶駝窩在草叢裡休息，剛生產完的駱駝媽媽在旁邊吃草，貝桑小心翼翼地停車，讓我們在車上拍照，隨時注意駱駝媽媽動靜，畢竟小奶駝剛剛出生，駱駝媽媽護子心切，可能會有攻擊性。

見著小奶駝如此可愛，貝桑童心未泯，伸手叫小奶駝過來玩，小奶駝不理。此番冷漠完全無法澆熄貝桑的熱情，見不遠處的駱駝媽媽沒反應，他躡手躡腳下車，以極緩慢的速度朝小奶駝靠近，輕輕伸出手，成功親了人家一下下。不一會兒，小奶駝隨即搖搖晃晃地走回母駝懷抱。

呵，初來乍到的小奶駝，就這樣誕生在粗獷遼闊的沙漠深處，見證了生命的無處不在與剛強韌性。或許依然體質羸弱，或許內心還沒那樣堅強穩定，或許步伐依舊搖擺脆弱，然而光與愛就在那裡，即便跌跌撞撞，依然堅定走向自己渴望的方向，走向幸福、希望與豐盛！

瀕臨絕種的非洲野驢，則無疑是我們最常遇見的野生動物。

沙漠夏季酷熱漫長，白晝氣溫逼近五十度，帶沙狂風陣陣襲來，就連蜥蜴都寧願待在樹梢上，畢竟沙地實在太燙了。

大地荒蕪一片，野驢家族難以自行尋覓水源，圍著古井，在烈日下等待人類汲水讓牠們解渴，其中不乏大腹便便的母驢或甫出生的幼幼驢。

每回見著這場景，貝桑的反應永遠是「驢子渴了，需要喝水」，隨即下車走向古井，在豔陽下一桶桶地將水自井底取出，倒入井邊簡陋水槽。鳥兒聞到水味兒，來了，渴得顧不及對人類恐懼，在井邊蹦跳著。最大膽的野驢往往這時已迫不及待地喝起水來，其餘野驢則等水槽裝滿水，貝桑離開井邊，這才小心翼翼地圍上前喝水。

若遇沒有水槽的簡易古井，貝桑會將寶特瓶切半、裝水。

有一回，帶客人行經一處，乾枯大地上，遠遠看見野驢家族守在井邊，貝桑馬上下車，卻發現井幾乎乾了。

據說這口百年古井向來有水，近兩年才乾枯，若能疏通，即可取得底下水脈。井一旦汲不了水，沙漠失去重要水源，遊牧民族或許可以離開，諸多生靈卻將在絕大多數觀光客不會到也看不到的地方默默受苦，一一倒下。

我把車上僅存的水都給了驢，還是不夠，貝桑很難過，無奈地說要走，我知道他心軟，趕緊強調：「驢子不知道在這裡等多久了，一定很渴很渴，你看，還有小驢子和懷孕的母驢耶！要是再沒水喝，一定會死掉的！」

遊牧民族最清楚在盛夏沙漠無水可飲是哪一種「渴」。貝桑無法棄野驢於無水荒野不顧，想把野驢一家引到附近另一口井旁，可野驢就是野驢，怕人。

想了好一會兒，貝桑迅速脫下藍袍，抓著轆轤上的粗繩，親自下到井底，用雙手把水舀到桶子裡，客人則站在井邊，拉動繩子，把水桶拉上來，倒入水槽給驢子喝。貝桑更進一步將井底的泥土挖出個洞，讓底下的水冒了一些出來，忙了大半天後，這才拉著繩子緩緩從井裡爬出來，繼續我們未竟的導覽。

是的，在撒哈拉，人與動物可以共享水資源，人類可以單純而無償地為野生動物服務、付出。觀光活動未必是對土地的摧殘，一場導覽可以將來自異地的旅客深深帶入撒哈拉的美與生態的豐富，並讓整個過程成為對沙漠生命的善待與守護。

荒廢的礦山玫菲思

沿著大沙丘外圍再前行，將可抵達荒廢的礦山玫菲思，我們的導覽另一大重點。

法國殖民時期，玫菲思曾是生產鉛、鐵、矽、石英及重晶石等的重要礦區，礦工圍繞著礦坑一帶搭建土屋，形成村落，就連開採的法國礦產公司主管也住這兒，人來人往，絡繹不絕，鼎盛時期，甚至成為連結摩洛哥、阿爾及利亞、馬利與茅利塔尼亞一帶的貨物交流站。

玫菲思堪稱摩洛哥境內最偏遠的礦區，在法國殖民政府主導下，於一九三八年開始採礦，一九四六年後交給法國企業大量開採，直到一九五八年後才逐漸轉為零星開採。

舊時採礦皆由法國礦產公司出資，招募遊牧民族下坑開採，養活了鄰近一帶許多遊牧人家，所獲礦產則運往歐洲。據說有些遊牧民族因而致富，得以移居大城。

據估計，當時玫菲思日產應有兩百噸，卡車將礦石送到利奧泰港（Port Lyautey，即今日 Kenitra），運向海外。唯因地處偏僻，運費頗為高昂，開採成本高，且對外路況不佳，開採困難倍增。

五〇年代開始，礦產逐漸走下坡，首先是法國與殖民地摩洛哥之間關係日益緊張，摩洛哥亦於一九五六年取得獨立；二來，摩洛哥與阿爾及利亞兩國出現國界問題，紛爭不斷，影響區域性安全；三者亦因礦藏有限，產量漸不如前。約到七〇年代，玫菲思礦產已無法獲得足夠營收，法國礦產公司離去，礦工四散，僅留下少數礦藏由當地人零星開採。

礦坑工作條件向來極為嚴苛危險，酷熱乾燥的氣候下，必須在深達幾十公尺的礦坑裡工作，光線、空氣與溼氣皆不佳，結束一天工作後亦無足夠的乾淨用水可以淨身。據說在法國公司管理時期，每個礦工一周僅能洗一次澡。此外，礦工並無任何可防阻沙塵的配備，僅用頭巾遮住口鼻，極易感染矽肺病。即便到了二十一世紀，撒哈拉礦工的工作條件都無明顯改善。

初次走訪玫菲思那回時近中午，只見毫無植被的山石重疊聳峭，摩托車根本爬不上去，貝桑和我下車步行，走在一絲綠意皆不可得的黃褐色山岩，說不出的悲戚。等我們終於爬上山丘頂，目力所及，唯有嶙峋突巖與早已廢棄的舊時礦村，土屋殘破不堪，屋頂早沒了，徒留殘存樑柱與窗戶木框。

貝桑指著傾圮土屋群說：「那裡就是以前礦工住的地方，妳瞧房子數量之多，每一間就代表一戶人家，不難想見以前這裡的盛況。等挖不到礦了，沒了工作，沒錢賺，人才漸漸散去。」

我說：「住這裡好淒涼，除了石頭，什麼都沒有。」

貝桑卻說：「那是因為乾旱的關係，差不多二十年前吧，這裡全是綠的，我還和哥哥趕羊到這裡吃草呢。」

遠眺這一大片光禿嶺脊與赤裸山巖，我完全無法想像此地曾經「風吹草低見牛羊」。今日偶有摩洛哥礦工自行前來採礦，雖是軍事重鎮，駐守的軍隊同樣是遊牧民族出身，深知在沙漠討生活的艱難，礦工們不過巴望採一丁點礦石養家，多半不會刁難。

為了前往目前尚在運作的礦坑，我們緩緩踱下唯有碎石礫的小徑，我數度因為腳下石塊滑落而幾乎跌倒，小心翼翼抬起頭，眼中所見除了石頭，還是石頭。

一步步在石礫山坡上半滑半走，往下望，一座陰暗圓形坑口依稀可辨，但地勢愈低，空中含沙量愈高。待走入礦坑口，連踩五六個階梯，隨即到了坑底。只見整個空間約莫三坪大，高約一百二十公分，不容人直立，坑底有個小洞，以廢棄輪胎做了個門，裡頭還有個光線進不去的陰暗空間，看來應該就是礦工挖礦的地方。我與貝桑身處的空間則是礦工解決吃飯睡覺的休息區，擺著一張廢棄鐵皮做成的桌子，桌上還有一盒已開封的茶葉、茶壺與茶杯。

從坑口透進的陽光讓礦坑內還算明亮，密閉空間卻讓人不適。貝桑說：「瞧，這地方我們不過待了一會兒便覺壓迫、不舒服，礦工們為了生活，卻得日夜都在這兒。」

另一回，我們造訪一座更加偏遠陡峭的無名礦坑，沿途不時出現凹陷沙坑，甚至迫使我們停車，我揹著行囊步行，貝桑則牽著摩托車往前奔跑，好讓引擎重新發動。唯一不變的是，沿途除了少數幾株金合歡與灌木叢，不見任何植被。

好不容易在黃昏時分抵達光禿暗黑山稜中的礦坑，幾位在此工作的貝桑親友旋即聞聲前來。據負責人年近五十的韓瑪蒂說，這礦坑開採已久，礦產不豐，僅夠大夥兒餬口。韓瑪蒂還說，當年這山還有水草，他父親趕羊來吃草，發現礦脈跡象，暗自在心中記了下來，爾後乾旱帶走所有，他父親便帶著圓鍬，自個兒到這裡採礦，養活一家。

礦脈含藏有限，這些年，接近地表、容易開採的礦早挖光了，只得愈挖愈深，才能取得些許礦石，開採成本大增。這兩年，韓瑪蒂找了幾位遊牧民族一同在這兒工作，每個禮拜，大卡車固定前來載走開採出來的礦石，按產量計費，每人月收入有限，扣除基本飲食所需，所剩無幾，卻往往是每個礦工身後那一大家子僅有的活命錢。

堅硬陡立的石地上，已開挖的礦坑宛如一道永遠無法痊癒的傷口在岩山上裂開，邊緣安置了一座巨大機器，只見坑裡兩個礦工正賣力工作，手上的採礦工具簡單到近乎原始，僅僅十字鍬、圓鍬與桶子。礦坑旁的機器雖然巨大，卻只具備將礦石一桶桶帶上地面的功能。在這兒採礦，仰賴的是全然的人力。

在這連步行都艱難之地，我真的無法想像礦工們如何日日進行艱鉅的採礦勞動。一旁，只見韓瑪蒂拿著笨重的方形大榔頭一下又一下地敲著挖掘出來的礦石，再將黑色石塊丟到一旁，值錢的白色礦石丟往另一邊，然後用推車把白色礦石載到山腳下，方便卡車載走。

韓瑪蒂說：「我們請了卡車載來兩大桶清水，開採期間的飲水及梳洗就靠這兩大桶水，每個月我們都會放假，回家休息幾天，再回來礦山的時候，就將食物一同載過來，帶點麵粉、豆類、洋蔥、紅蘿蔔、茶和糖，但所有人都得省著吃。如果還不到下山時間儲糧便吃完了，那就派個人出去採買，費用大夥兒均攤。」

那一回，我們在岩山無電無燈的小石屋裹著毯子過了一夜。箇中滋味難以形容，倒不盡然是躺在不平地面的不適，或是無法直起身子的簡陋石屋讓人輾轉難眠，而是在連一根草都長不出來的山間就像被上帝遺棄一般，毫無生的氣息，連悲傷都沒了力氣。還記得隔日早餐就一個白色金屬淺盤，上頭些許煮得熟爛的豆子，豆子裡只摻了些鹽，此外再無任何調味，而清晨這幾口熱食與數杯甜茶，就是勞務極重的礦工們一天中的第一餐。

沙漠風味：柏柏爾披薩

沙漠特有的柏柏爾披薩（medfouna）又是另一導覽重點。此一想法源於洪震宇提及的「風土餐桌」。

柏柏爾披薩在沙漠相當常見，是一塊簡單又家常的有餡烤餅，雖然不同區域做法稍有差異，但我還真不曾在城裡見過。

大名鼎鼎的地獄廚神戈登・拉姆齊（Gordon Ramsay）曾在摩洛哥當地人的帶領下走訪古城非斯與亞特拉斯山（Altas），透過拍攝呈現傳統人文藝術、自然美景與在地美食，對國家經濟極度仰賴觀光產業的摩洛哥來說，成就了一場絕佳的國際形象廣告，而其中一集便介紹了柏柏爾披薩。

該集節目裡，戈登在亞特拉斯山間奔走，滿身大汗地尋找深山裡的純淨野菇，做了個野菇煎蛋。爾後，在幾位山村柏柏爾男子的陪伴與教導下，戈登就著野火，以極簡單的平底鍋烘烤了柏柏爾披薩。他將剛採下的野菇切碎，在營火上燒煮，加入洋蔥與香料做為內餡，再以擀好的麵皮包裹餡料，做成圓形麵團，爾後放入平底鍋，加上些許羊乳酪，將麵團壓平，接著蓋上白色馬口鐵盤，隨即放到炭火上，並在覆蓋的馬口鐵平盤上放置點燃的樹枝，讓麵團上下同時加溫，不一會兒旋即起鍋。

戈登的做法有好幾處值得注意。

首先，烘烤柏柏爾披薩的地點選在山間岩石旁。這幾乎是一種「原始烹飪空間的還原」，以節目效果來說更具張力、野趣與說服力，也更加吻合文化脈絡。為了避免煙燻，山居柏柏爾人的爐灶多半蓋在空地。戈登使用的廚具同樣貼近庶民文化脈動，平底鍋與白色馬口鐵圓盤在鄉間與沙漠相當常見，便宜又親民。最後用刀子切開披薩，眾人分食，在摩洛哥亦是如此。

另一方面，戈登的柏柏爾披薩放了多種現採野菇，堪稱極致奢華，一般來說，菇類的食用在摩洛哥不算普遍，較常聽聞的是摩洛哥人前往偏遠野地採集珍貴野菇，外銷其他國家。

柏柏爾青年向戈登解釋，遊牧民族經常吃柏柏爾披薩，一語道出了其靈魂與精髓之所在。確實，柏柏爾披薩遠非罕見高價的山珍海味，而是尋常百姓家裡的烤餅，常見於沙漠鄉間，從烹調手法到食物本身皆因地制宜、就地取材。

過往，遊牧民族一早趕羊吃草，行走山間曠野，身上物件有限，有時甚至只帶一點點水與椰棗充飢。休息時，撿柴、生火、煮茶，揉麵團，將洋蔥與紅蘿蔔切得極碎，加一點兒羊脂肪，偶爾加點碎肉末，放入香料並拌勻後，做成餡，包在麵團裡，壓成扁平的圓餅。

接著，將乾淨石頭在地上鋪平，放上點燃的柴火，之後清除灰燼，將壓成圓餅的麵團放在燒燙的石頭上，蓋上鐵桶，再點燃柴薪，放在鐵桶上，之後清除灰燼，掀開鐵桶，翻面，再悶一會兒，熟了即可食用。若沒有乾淨圓石，則以相同方式用柴火將沙子燒熱，放上麵團，蓋上鐵桶。若是已紮營的遊牧人家，便會在帳篷旁製作土窯，方便烘烤麵包與披薩。

雖然今日的流行稱謂將 medfouna 說成「柏柏爾披薩」，但這種形式的烤餅並非柏柏爾族專屬，同樣也是貝都因族的家常菜。貝都因族與柏柏爾族的語言與風俗不盡相同，但皆為遊牧民族，兩族經常在沙漠與綠洲比鄰而居，雖不常通婚，倒也相安無事地分享水源與牧草。

柏柏爾披薩的製作方式非常適合物資不豐的沙漠生活，即便已走入現代定居生活，不少家庭的院子一隅仍有可烘烤麵包或披薩的手做土窯，柏柏爾披薩也依然是餐桌上常見佳餚。若有瓦斯或烤箱，做起披薩更是迅速又容易。家務繁忙時，簡單烤幾塊披薩即可全家充飢。齋戒月期間，傍晚開齋時，眾人喝了牛奶，吃幾顆椰棗開胃，接下來的主食往往就是披薩。

此外，柏柏爾披薩已被視為沙漠傳統在地美食，剛出爐時最美味，部分餐館開放預訂，做法與遊牧民族卻稍有不同，餡料更多元豐富，除了常見的洋蔥與紅蘿蔔碎末，還添加更多的羊脂肪與羊肉碎末，有些甚至加上壓碎的水煮蛋與杏仁。放入類似烤義大利披薩的大爐子裡烘烤後，外皮酥脆，餡料香氣撲鼻而來，羊脂肪不僅毫無腥羶，在香料調味與炭火烘烤下，更是讓披薩愈發香氣逼人，內餡柔軟多汁，熱乎乎地吃，很容易一塊接一塊，十分美味。

由於希望讓外地旅客的到來成為回饋給在地貧困弱勢者的資源，希望能將我們經手的每一團遊客帶入沙漠深處的遊牧民族帳篷內，讓來自富裕文明世界的客人親眼目睹全球暖化與乾旱對自然生態及遊牧民族的影響，接觸真實活在沙漠的人們，聆聽他們的生命故事，同時也讓客人支付的餐費、茶費及小費回饋當地弱勢，雖然操作風險遠高於坊間制式行程，初期我們仍將導覽當日的午餐安排在遊牧民族帳篷內，讓客人品嘗遊牧婦女在野地以土窯烘烤的披薩，既能填飽肚子，還能現場觀賞柏柏爾傳統烹飪手法。

然而，一望無際的曠野中由簡陋屋舍與破舊帳篷建構而成的赤裸尖銳貧窮場景形成了不小的文化衝擊，甚至讓來自文明富裕世界的客人手足無措，食不下嚥。我得花許多時間向客人解釋遊牧民族目前生活何以如此，以及這頓午餐的意義——為同樣需要觀光收入的弱勢族群創造工作機會。

貝桑對沙漠貧困窘境習以為常，加上文化與語言隔閡，對客人的窘迫反應倒是不以為意，淡淡地說：「遊牧民族生活就是這麼簡單呀，這裡是沙漠，生活本來就沒有城裡好。」

一次次下來，我愈來愈清楚每戶人家的真實狀況，愈能好好地「說故事」，卻也同時看見他們因觀光客到來而產生的轉變。

遊牧民族多以家族為單位，不料荒野裡竟有一位獨自扶養五歲幼兒的單親媽媽，聽說這裡有觀光客，便帶著兒子與帳篷前來討生活，後來輾轉聽聞孩子的父親在牢裡。

我滿心敬佩這位獨立勇敢的母親，總是盡量帶客人到她那裡喝茶、用餐，讓她可以藉由自己的廚藝與勞動賺取生活費，若客人對她的手作品感興趣，也可以購買，讓她多些收入，我還會帶上些許生活物資，減輕她的負擔。

有一回，我帶三位台灣旅客去她那吃午餐，客人直說她現烤的披薩好吃，稱讚她兒子聰明伶俐。我順口問起小孩就學問題，她說明年就要搬到我們村子裡找工作，好讓小孩上學。但以現實條件來說，這幾乎是不可能實現的夢想，當下我有些不確定她這番話是否只是說給我聽。

不一會兒，她拿出一支 Nokia 手機，比手畫腳不知說了什麼，我以為是手機沒電，正想著如何幫她充電，貝桑剛好回來，才知是手機摔壞了。我很困惑，我們出發前，貝桑還打電話和她確認過客人用餐事宜，怎麼幾個小時後，我們一到，她的手機就壞了！

臨走前，我看到她的手織坐墊，想藉由購買給予贊助，想不到她一開口就給了個天價。貝桑搖搖頭說太貴了，她面無表情，沒說話，我笑了笑，付了餐費便帶著客人離去。

我和貝桑都覺得單親媽媽變了，以前樸實堅強，笑容滿面且工作認真，讓人很想支持她，後來卻愈來愈像看到觀光客就獅子大開口的馬拉喀什奸商，之間的轉變，前後沒有多少時日。

這讓我有些沮喪茫然，不知在這貧瘠焦灼的大地上，若突然流入過多資源，首先被改變的會是什麼？在這樣的文化氛圍與集體意識下，我究竟可以做什麼才能讓事情朝善的方向走？有時問題看似是「錢」，其實是「人心」、「人的集體意識」與內在匱乏，在此情境下，所謂「教育」，實有更廣大的意義。

摩洛哥環線旅遊

環線旅遊則是另一個方向的嘗試。

摩洛哥氣候宜人，人文薈萃，自然地貌多元豐富，一年四季皆適合旅遊。「移動」是旅遊的特質之一，交通等基礎建設對行程規劃具有決定性影響，適合旅客停駐的點以及點與點之間的路線幾乎都是固定的，以至於旅行團與背包客所走的路徑相去不遠。

「人潮就是錢潮」是個硬道理，飯店、餐廳及紀念品商鋪等「觀光產品」因之以特定形式集中於景點一帶，或沿著交通路線散落，經營得道則不乏客源，畢竟飯店管理確實是一門專業。地處偏僻或離觀光景點太遠的店家，除非聲名大噪或有特殊條件，否則相對難賺觀光財。

旅行社自有其考量，知名景點一定要列入行程，飯店與餐廳須符合多數旅客需求，不僅較能說服客人，也能減少客訴與消費糾紛。如何在這樣的客觀條件與外在限制中，做出質地最佳、最流暢的旅遊，考驗的便是領隊及導遊的功力。

我將旅行路線規劃理解成在一定時間內，設定幾個值得造訪的城市，再因應交通要素來規劃路線，並在路線中適時增加平添旅遊趣味的「點」，讓行程有鬆、有緊、有呼吸，讓旅客可以精力充沛地遊玩，又能休息、拍照，甚至購物。如此一來，每個點在行程規劃中的價值、功能與意義無比明確，若時間不足或發生突發事件，哪些點可捨，一目瞭然。

人類學訓練多少影響了我在規劃旅遊路線時的切入點。之於我，所謂「景點」並不是非得澎湃壯闊、可歌可泣的史蹟不可，若能將田野調查做扎實，帶著理解與真心誠意地訴說，之於旅者，沿途映入眼簾的就不只是車窗外快速奔馳而過、毫無意義的風景，而是人如何在天地間活著的美麗故事，「風景」將在旅者眼前活起來，擁有人的呼吸與溫度。

常見的摩洛哥行程可說大同小異，在參考各家旅行社規劃後，我們除了安排摩洛哥四大皇城、藍白山城蕭安、撒哈拉與千堡之路等常見內容，更在北非大地挖掘屬於我與貝桑的私密景點，如史前岩刻畫、史前壁畫、廢棄古堡、深山裡的岩鹽礦坑等。

史前壁畫尤為其中獨到景點。

撒哈拉天寬地闊，要找出藏在人煙稀少地帶岩洞裡的壁畫，其難度完全是手持 Google Maps 遊遍都市巷弄的文明人無法想像。除了仰賴我那殘存的人類學訓練以及貝桑對沙漠的瞭如指掌，動用神祕隱微的遊牧訊息網絡，將所有蛛絲馬跡一一拼湊起來，到了荒野，還得現場找來對當地一草一木皆極為熟悉的遊牧民族做「領路人」。這樣的「人脈」，只能仰賴貝桑籌措，也多虧了這些「領路人」，否則我們恐怕會在荒郊野外耗上一年半載，依然毫無所獲。

貝桑問：「會有客人想來看壁畫嗎？」

我說：「別說史前壁畫多麼珍貴迷人，光是這樣的奇山巨石就是人間美景了！一定會有人感興趣，只是我沒有能力把這樣的旅遊產品賣出去。」

我向來不愛刻意造假的活動與物件，因應觀光產業而生的「異國情調」產品尤其讓我嗤之以鼻。總相信生活中的美與感動隨手可得，前人在世間走過的痕跡仍在古城角落呼吸著，若願意付出時間，用心貼近，必將「發現」。

好比受到花蓮阿美族「海稻田」引發的靈感，我們在摩洛哥海岸開發了特殊景點「海麥田」，白燦燦陽光下，遠方湛藍海洋波光蕩漾，金黃麥田迎風搖曳，美得神奇。

好比我們走訪山谷，在當地耆老帶領下爬上高聳岩山，走入舊時人工開鑿、早已空無一人的避難洞穴。窄小洞穴往岩山深處延伸出數條通道，接連為數不詳的洞穴，蟻窩似的。耆老說避難洞穴起源已不詳，先後住過柏柏爾人、猶太人與遊牧民族，全是較為貧窮弱勢的族群。舊時部落戰爭頻仍，死傷無數，祖先在岩山開鑿數個隱密的洞穴做為避難之用，地處高處，周遭動靜一覽無遺且易於防守。戰爭時，全村搬到這兒來住，一戶人家一個洞穴，相互照顧，直到和平來臨。

又好比北非先民沿著特出絕美的岩山，以泥土石塊等土夯工法建造了具防禦性、至今依然有人居住的古堡「卡斯巴」，雖然知名景點如艾本哈度（Ait Ben Haddou）因為電影和觀光而列名聯合國世界文化遺產，幸運獲得保存與修復資源，但摩洛哥境內多數古堡皆已傾圮。許多隱密偏僻的古堡景致極美，卻不見於旅遊指南，更不在任何旅行社行程裡，全是貝桑和我來回穿梭棕櫚樹園之間，費了九牛二虎之力終於找出來的。

由於古堡居民多半不諳在地史，我只能靠自己努力找資料、閱讀、採訪各處耆老，像拼圖一樣慢慢拼湊在地文史，再放入導覽解說裡頭，並與前後兩個景點呼應，串成一個有歷史脈絡的在地故事。

二〇一九年，英國倫敦藝術大學互動設計系師生請我們規劃「撒哈拉遊學團」，將旅遊及學習融合在三天兩夜的行程時，我便讓「千堡之路」成為第二天的行程主題，帶領他們走訪典型的古堡，從北非土夯建築工法、生活方式、經濟型態，帶到跨撒哈拉貿易線以及現今的阿拉維王朝（Alaoui）。

又如一座早已荒廢傾圮，興建於十三世紀的清真寺遺址，樑柱上殘存的馬賽克藝術見證了舊時信仰虔誠與工藝卓越，精準細緻的手工藝傳承數百年，至今仍在摩洛哥活躍，令人無比驚嘆！彷彿一個讓人說不出的什麼穿越了時間，泯滅了遙遠的十三世紀與當下之間的距離，一團柔柔亮亮的光在歷史長河上悠游自在，載沉載浮。然而，如果不給予足夠的時間，如果無法用心聆聽風裡的訊息，接收在殘缺樑柱馬賽克上發亮的微光，又怎能「看見」？

召喚「對的客群」

常聽到來自不同客人的相同回應：「撒哈拉和我想像的，不一樣。」

這話給我的感受多重又微妙，但，是啊，我與貝桑在讓客人享受到旅遊網站上的沙丘及駱駝等撒哈拉意象後，還帶客人深入祕境，走訪不曾想像的奇山異岩、百年古井、神祕廢墟與化石礦脈，因為撒哈拉真真就是這麼豐富神奇！

消費者尋找適合的旅遊商品時，乍看最具體且易懂的便是價格與硬體設備，好些更細緻也更有溫度的服務與付出，甚至是第一線工作者的用心、真誠與專業，唯有來過的人，有所比較，才會明白。

「預算」往往是消費者決定來不來的關鍵性因素之一，但「天堂島嶼」從不走低價路線，甚至不給議價空間，因為我很清楚自己的價值以及在旅遊市場上的獨特性，客人跟著我們能看到的風景、跑的路線，全是獨家，坊間廉價團做不到。

英國遊學團教授提到了他們在非斯的旅遊經驗。那天他們請了兩位地陪，其中一位不斷說摩洛哥有多可怕，要學生千萬不能和外人接觸，帶導覽時，一進到商店便長久停留，鼓勵學生購物，部分景點卻草草帶過，連拍照時間都不夠。英國教授說，摩洛哥地陪把自己的國家說得那麼可怕，只為了把客人緊緊攬在身邊，卻破壞國家整體形象，捨本逐末，著實可惜。

緊扣消費購物的旅遊方式雖讓旅客困擾，卻是常見模式，業者先以低廉團費吸引客人，再藉由購物把錢賺回來，旅客幾乎完全不可能單純遊覽而不經過商品販售區，地陪主要收入並非導覽費或小費，而是客人購物的抽成，好些做法過於粗暴，傷害觀光產業體質甚至損及國家形象。長期殺雞取卵地操作下來，讓摩洛哥旅遊多少有些聲名狼藉。

不少旅客在行前接洽時問我們會不會安排購物？我總誠實回答，除非客人特別要求，不然我們整個導覽行程都在荒郊野外跑，別說不可能把客人拐進店家消費，路上就連人類都很少見，駱駝還多些。

此外，與客人的行前溝通、與合作業者的綿密聯繫，全是在艱困的沙漠生活條件下進行，為了完成一場旅遊服務，我們必須付出的時間、精力與心思，往往是習於便利生活、節奏快速的文明人難以想像。

走在極為小眾的道路上，賺的每一分都是辛苦錢，哪管客人只有一兩位，從行前溝通與確認、包車、客房清潔、備餐、導覽、騎駱駝與帳篷等，所有流程與細節馬虎不得，每團都是客製。

我總是盡量在有限條件裡將每個細節做到最好，例如餐點。雖然生性懶惰，不愛做飯，卻很樂意為我們的客人洗手作羹湯。

客人抵達之前，我已忙著備餐。沙漠能購得的食材有限，即使只是一鍋簡單的番茄蛋花湯，湯頭都是我用洋蔥、番茄和雞骨頭事先熬過的，相信客人可以感受到餐點裡那份誠懇用心，我也盡其所能變出豐富溫暖的一餐。

有時客人的行程是從清晨騎駱駝在沙丘群裡漫步直到下午，我大致預估客人回到民宿的時間，事先燒好洗澡水，準備簡餐，讓客人在出發前往下一站之前，能夠吃上一頓熱飯，以熱水洗去一天疲憊，肚子飽飽，一顆心暖暖地上車。

服務雖未臻完美，卻絕對是以一顆真心誠意對待每一位前來的客人，這同樣也是為什麼我希望吸引來的是「對的客群」，畢竟我在每一場工作裡，慢慢磨著的，是一份「質地」，而非量與營業額。

很長一段時間，人類對地球的掠奪摧殘讓我十分憤怒，但光是憤怒無法讓我去做更好的事情，不過自毀自傷罷了。書籍《追蹤師》系列讓我理解，人類確實可以找到與自然和諧生活的方式，森林亦可以因為人類的照顧及參與而更加健康茁壯。

人必須謙卑地向大自然學習，放下城市、世俗、既定的「文明」之眼，才能稍稍貼近大自然的「真相」，無論山林或沙漠都是這樣的吧，各自有一套完美運轉的體系，有時恰恰「無用是為大用」，好些在人類眼中無益甚至有害的生命型態，在整體網絡中卻有著獨一無二的功能與價值，天地萬物無不是由神一手創造，所有生靈皆為神喜愛，含藏了某種人類未必能理解的、來自神的旨意。

像山一樣思考，像沙漠一樣思考，才能發現圍繞在四周的奧祕，也才真的能以另種方式，「像個『真正的人』一樣地思考」。

撒哈拉真實、樸直、瑰麗而強悍的自然能量，改變我許多，也是我最渴望能藉由導覽與他人分享的感動，一份會留在生命底的感動。

姿態萬千、瑰麗多變的撒哈拉是一個巨大的禮物，但只保留給準備好的人，我和貝桑不過是「領路人」，將人帶進沙漠，讓訊息與動人能量流向世界宇宙。一個旅者走進撒哈拉會看到什麼，那是「靈魂與撒哈拉的前世約定」。反之，若連一點兒時間都吝於保留給探險與發現，又怎能怪沙漠什麼都沒有，只能騎駱駝呢？

與此同時，對人與土地的付出，讓我與貝桑的深度導覽有了獨特的存在意義。

對外來遊客，我們仰賴貝桑對沙漠神奇的理解、絕佳的掌握與熟悉度，以吉普車帶領客人安全進出荒蕪礫漠，提供了細膩溫柔的旅遊體驗，尤其是那份「與土地的緊密連結」與「來自於人的溫度」，一般旅行社無法提供。

對腳下土地、當地族群與生靈，我們扎根沙漠，將「照顧生命」與「永續經營」放入具體行動與導覽之中，除了讓更深入、獨特、多元且貼近土地的旅遊服務得以存續，也因「在地」，更能照顧關懷當地生態與人。在我們的服務與工作中，有著對撒哈拉深深的了解與愛，這樣的情感與付出，是城裡（甚至是跨國）旅行社難以擁有的，卻能讓「永續觀光」擁有一絲絲希望。

若問我怕不怕這條路太小眾，撐不下去？我的回答只有三個字：管他的！

從人類學到舞蹈再到沙漠志業，我這輩子都在走自己的路，神並沒有因此而不愛我，還為我匯聚了諸多得以在沙漠做事的善因緣，舉凡民宿、沙漠種樹、社會企業產品、深度導覽與摩洛哥環線旅遊，不過是行動之一，為的全是背後的理念與整體計畫，不只是牟利掙錢。

若我因恐懼或金錢焦慮而屈服於生存（或說市場）壓力，首先遺失的，是我推動沙漠計畫的那份「初衷」，而迷失墮落，可以瞬間發生。

說來或許沒人相信，但回沙漠後，我和金錢的關係變得更好了。

打從一開始，我就不求「大」，而是「獨特」與「深入」。人一旦物欲低，連帶看淡金錢，自然會釋放更多時間與能量去做更能創造生命意義的事。我讓自己成為一個小小的管道，將真實的撒哈拉帶入客人視線，也讓客人的到來幫助當地弱勢族群的生存，努力用更能讓我愉悅且接近理想的方式走下去。

我從不求強大、連鎖或高市占率，反而在意自身的獨特性、對人與土地的關注，以及身為旅遊業者對人與土地的「責任」。我來自台灣，不曾忘卻故鄉，這份覺知是島嶼在我身上的印記與力量，將民宿命名為「天堂島嶼」，希望將來自島嶼的正向能量用在撒哈拉的生存與志業，因我們同是「地球人」。

無須忙於工作的淡季，我把時間用來認識這塊土地，這個國家，或旅行，或訪談，或閱讀，或田野調查。每隔一段時間，我都意識到自己的進步。在遊客眼裡，撒哈拉或許是空無一物的貧瘠荒漠，而我非常幸運得以在此長居，發現自己原來就住在文化寶藏上。

我和貝桑走過許多一般人不可能去的地方，看著散落荒野的斷壁殘垣，好生疑惑，卻無法從當地人口中問出過往歷史，只能任由那些「意外發現」累積在心裡。

撒哈拉跨貿易線興盛、駱駝商隊往來不絕時，眼前這片焦枯荒漠曾經燦爛富庶，人文薈萃，但要從荒蕪沙漠照見過往繁華，除了絕佳運氣，更需要很多努力與時間累積。

就像那一回我們帶英國遊學團登上古城旁的制高點，站在岩山頂端鳥瞰壯闊山谷與翠綠茂盛棕櫚樹園，深刻體認水如何帶出綠色生命，人的生存與文化發展因之有了可能，進而發展出「千堡大道」與跨撒哈拉貿易線。當我們沿著田間蜿蜒小徑前進，望向車窗外的乾枯棕櫚樹園時，我便突然明白了數百年前，當跨撒哈拉貿易線仍然興盛之時，此地青蔥翠綠的場景。數百年歷史化作一份在心中突然降臨的「知曉」，明白了，無須多說。

撒哈拉不斷改變我看待世界的方式，或者說，讓我以不同的觀點，站在不同位置去理解北非與地中海史。若想更深入理解曾在這片土地發生的事，首先得破除對現代國家、邊界、種族與歷史的認知，畢竟大地連綿無盡，而人是流動的，會相互交流、影響，現代國家、國界衝突與封閉的疆界不過是這幾十年的事。

得以在一塊土地上深耕，衣食無虞地依循自己的節奏認識所處之地，讓我活得自在而幸福。

撒哈拉也總是厚愛著我，給我機會學習，學著更深入她的故事裡。

與此同時，慢慢地，竟覺自己是在撒哈拉「接住前來的人」，幫客人解決交通問題、安排食宿、回答旅遊相關問題。帶導覽時，風起了，太陽太晒了，用餐時間到了，或者客人需要購買某些用品，我與貝桑幫忙處理，盡量讓客人玩得盡興，在這樣的工作型態與互動中，只覺自己是「照顧者」而非「旅遊業者」。即便是為客人洗手作羹湯吧，常覺那是做飯給朋友吃，一份在撒哈拉變出來的台式餐點，再怎麼簡單，都是一份溫暖心意，因我們有緣在撒哈拉相逢。

通常一心篤定來撒哈拉非找我們帶導覽不可的，往往就是「對的客群」，能接住這些人，遠比賺多少錢、如何拓展客源更加重要，那讓我們的導覽不只是工作，更是影響與交流，共享一段撒哈拉時光，一同創造絕無僅有的生命經驗。若遇「對的客群」，溝通容易，信賴感足，我們帶起來輕鬆，客人在我們提供的獨家導覽裡，看到前所未見的撒哈拉，肯定我們的價值，彼此都開心。

大家出生在地球上不同角落，今生能在撒哈拉相遇，是很深的緣。我相當珍惜和每個「有緣人」的相聚，認真地帶好導覽，心裡懷抱的，實是對於生命的敬意。

若雨足，大湖再回沙漠，水靜無波，映照湛藍的天與遠方豔紅沙丘，靜謐美絕

當雨足，野地種子幻化成燦爛花季，證實生命無處不在，
只是靜待雨來

綠洲裡，一條灌溉渠道貫穿，來自坎兒井的水流動著。在高大棕櫚樹庇蔭下，農民在綠洲開墾出一畝畝良田，種植多種作物

坎兒井為一口又一口直立豎井，底下由一條溝渠貫穿，保護水資源不受太陽與風沙侵襲，由水源地引至綠洲農田

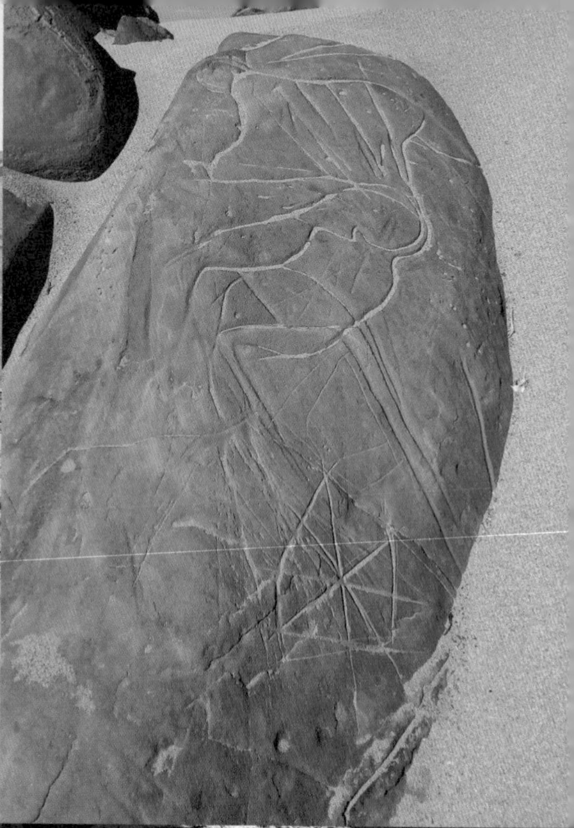

藏在人煙罕至荒野深處的史前岩刻畫

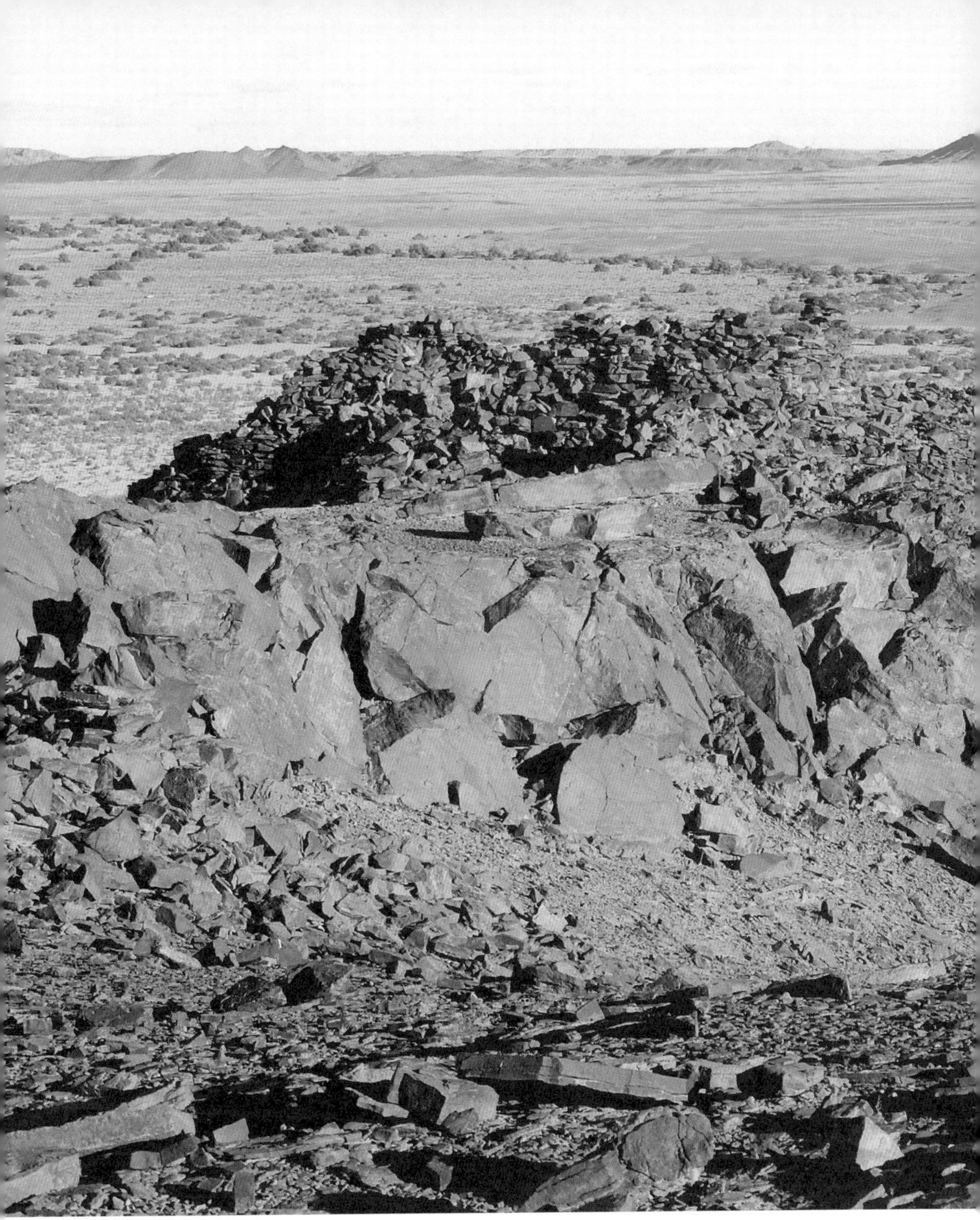

一望無際的曠野，三百六十度的地平線

撒哈拉生態豐富，除了已被遊牧民族馴服的駱駝，火鶴在湖泊上翱翔，鳳頭百靈與伯勞鳥在荒野跳躍，白鶺鴒在綠洲水畔嬉戲，非洲野驢與沙雞藏身礫漠，王者蜥隨著環境幻化顏色

荒地上的羊群與野地
裡的小白花

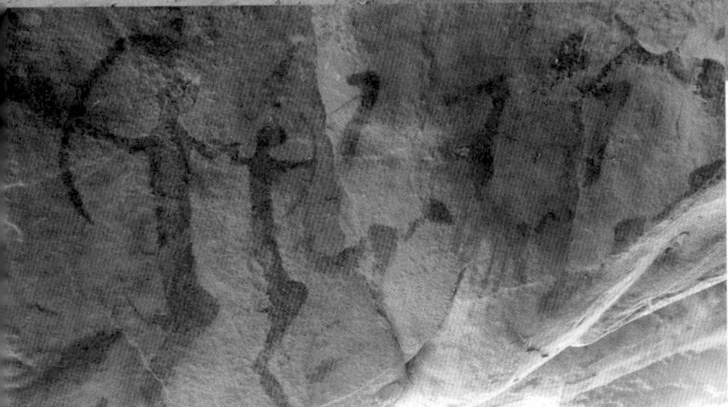

奇山異岩巨石錯落中，藏有
美麗珍貴的史前壁畫

↑↑ 海麥田

↑ 黑奴音樂村

↑↑ 廢棄的土夯古堡

↑ 河谷旁的舊時避難岩洞

金色沙丘上的耳廓狐足跡

讓商品成為一場文化交流

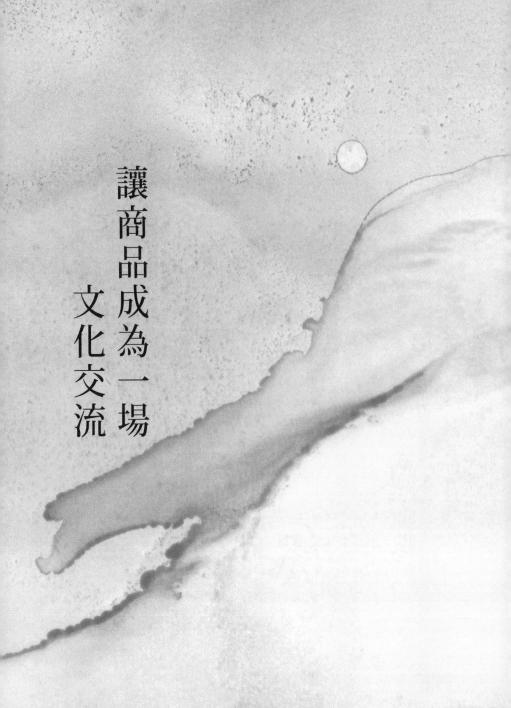

David Ransom 在《公平貿易——吶喊國際商場正義》＊談到非洲的定價方式：「交易的人彼此看著對方的眼睛，討論著貨物的價值、公平，也考量對方是否能負擔。如果貨品不合需求，買者可以馬上回以抱怨；若賣者覺得價格太低，也可以另尋願意出合理價的買者。在這裡，價格多少符合人類對生存的要求，也符合誠實與公平。」

對生活在摩洛哥的我來說，事情遠不如作者所說的那樣美好，沒有固定「公定價格」、由買賣雙方自由「議價」的方式讓我適應至今，時常被摩洛哥商家哄抬物價、伺機敲竹槓。

但換個角度想，我憑什麼認為現代消費社會裡，某牌商品在每個賣場皆為固定售價便是「公平合理」？價格又是誰來訂？訂定基點究竟為何？

＊頁一六一，書林出版，二〇〇二年。

遊牧人家的手工布駱駝

儘管蓬勃發展的沙漠旅遊帶來一線生機，不少遊牧民族投身其中，然而在梅如卡得天獨厚、沙子又細又乾淨的諧璧沙丘群後方，鄰近阿爾及利亞邊界的偏遠荒漠裡，仍然散落著幾戶維持遊牧型態的人家，住在帳篷或土屋裡，養著幾頭羊，雖然已非傳統的逐水草而居，遷徙頻率仍然相對高，堪稱當地最弱勢貧困的一群，偶爾可在沙漠深處與他們不期而遇。

生活困頓的他們，往往一碟橄欖油、自烤麵包配上一壺甜茶就是一餐，即使是塔吉，鍋裡也只有洋蔥、紅蘿蔔及馬鈴薯，加上一小塊動物脂肪，極少食用肉奶蛋。

在荒野長大的遊牧孩子，連雙像樣的鞋都沒有，要不赤腳在滿布堅硬碎石的荒地上奔跑，要不穿著不合腳的雨鞋玩耍。孩子們騎的二手三輪車、身上難得出現的新衣，往往來自觀光客捐贈。至於上學，更是難以想像的奢侈。

這群遊牧民族維生多半仰賴男丁在觀光產業打工的收入，有些會提供帳篷讓觀光客休息、喝茶，掙點養家費，並在帳篷前放置幾個自己用破布做的駱駝做為攬客標誌，女眷同時也做些簡單的手工藝品供遊客選購。

記得當年造訪位於玫菲思與道斯之間的柏柏爾人家時，在起伏不斷的碎石小徑顛簸了許久總算抵達，典型遊牧民族深褐色帳篷不遠處的地上，鋪了個鄉間常見的聚乙烯編織飼料袋，上頭擺著傳統遊牧民族石刀、獸牙和化石，以及包括柏柏爾女性頭巾與手機袋等婦女編織物。

該戶人家的女主人叫奈絲瑪，她先生因在附近一帶挖礦，便將全家帶了過來，搭個帳篷住下，家人彼此有個照料，也無須支付房租與水電等費用。

奈絲瑪與我一同蹲在她的小攤旁，和善溫柔地笑著耐心陪我看貨，不時隨興地拿起作品解釋。我挑了幾條她親手縫製的頭巾後，看到一個折成數個彎的長條形物件，形似小蛇，約莫半個巴掌大，以黑色細條紋硬布製成，上頭綴著些許珠子亮片，並以兩顆細小珠珠點出一雙眼睛。我好奇問她那是什麼。

奈絲瑪毫不遲疑地將布製物件放在沙地上，興奮地比手畫腳。貝桑說，這是奈絲瑪做的蛇。哎呀，遊牧民族確實不甚理解商品行銷販售之道，一般消費者購買時，誰不希望貨品乾淨無瑕，甚至全新完好、未拆封？一看到賣家二話不說地將貨品放到沙地上，弄得髒兮兮的，應該會打退堂鼓吧？

小攤上還有個以白底紫碎花布做成的橢圓形物件，約莫巴掌大，兩頭尖尖的，一頭以細小珠珠與亮片縫出眼鼻口，另一頭縫了短短一串白珠串，底下細細捏出四條短腿兒。我拿起這奇特物件端詳許久，看不出所以然。

奈絲瑪說那是她做的鱷魚。

看著手上這完全不像鱷魚的布鱷魚，我困惑極了，問奈絲瑪是否見過鱷魚，她不置可否地說在親友家的電視中看過。

我忍不住追問為什麼要做一隻鱷魚小布偶？

奈絲瑪想了想，說：「我只是想做個漂亮一點的東西，賣給觀光客。」

我低頭再看布鱷魚，那白底紫碎花布明顯是從舊衣服上撕下來的，鮮綠色縫線歪七扭八，就連縫在鱷魚背上的白珠珠都已褪了色，不理解之於奈絲瑪，「漂亮一點的東西」標準何在。

那時單純為了支持，我挑了幾條柏柏爾頭巾與蛇型物件，奈絲瑪自然希望多掙些錢，畢竟這兒人煙稀少，不知何時才能再有「觀光客」，但她依然給了我一個和善的價格，不似摩洛哥城裡諸多商人那般漫天開價。貝桑說：「她才剛從很遠很偏僻的地方搬來，剛做起觀光客生意，人還很單純。」

一轉頭，我無意間瞥見角落一個狀似塔吉鍋，但形狀有些不規則的藍色小器皿，約巴掌大。見我詢問，奈絲瑪說：「這是我親手做的，用乾枯棕櫚樹枝折成塔吉鍋形狀，外面再包上藍色塑膠袋做裝飾，裡頭可以裝東西。」

我問價格，她想了好一會兒，給了我一個高得讓人嚇一跳的數字。我面有難色地說：「這價格可以在城裡買上一個繪工精緻完美的陶瓷塔吉鍋了。」

奈絲瑪愣了一下，委屈地說：「但是這個東西我做了好久好久，我得先把棕櫚樹枝想辦法裁成一小條，樹枝好硬，為了折出塔吉鍋的形狀，我折了好久，折得手都疼了，真的很難做，我做得好辛苦。」

這話讓我不禁感到心酸，抬頭看看荒涼大地，做成這藍色小物的素材就是她在這兒所能找到，最能變成商品的資源了。不曾受過任何教育的奈絲瑪根本沒有接受過手工藝品訓練，靠著自行摸索，慢慢用棕櫚樹枝折成塔吉鍋的形狀，曠日費時，耗盡心力所能做出的最好成品，卻也不過如此，我憑什麼拿主流市場那套標準來要求她的作工、衡量她的手工藝品的價值呢？

後來我心甘情願同意了奈絲瑪提出的價格，順口問：「妳怎麼會想做這些想賣給觀光客的手工藝品？」

她聳聳肩，輕描淡寫地說自己生了四個孩子，最大兩個孩子為了方便就學，寄宿在小城親戚家裡，家計負擔愈來愈重，丈夫的礦工收入雖然穩定，卻也左支右絀，某天她見一個朋友靠著做傳統手工藝品賣給觀光客貼補家用，覺得看似不難，試試無妨。

我又問：「妳做這些頭巾的材料，包括布料、珠珠和亮片是哪來的？荒山野嶺的，沒地方找呀。完成一件頭巾，需要花妳多少時間？」

她解釋自己都是趁忙完孩子、牧羊與家務雜事之後，每天抓一點時間縫製頭巾，平均做完一條頭巾需要將近一個月時間，若遇家事格外忙碌，則會超過一個月。每當她發現材料快用完了，便請住鄰近一帶的遊牧民族進城到市集採買時，順道為她添購，之後再託先生到鄰居家帳篷拿取，一來一往，等材料終於到她手上，往往是兩個月後的事。

另一次，我和貝桑驅車馳騁撒哈拉，布滿碎石的曠野中，映入眼簾的唯有天際線，遠遠卻見一座迷你小帳篷在小徑旁對我們招手。下車一看，以彎曲樹枝與破舊地毯撐起的小帳篷前方，擺置了些撒哈拉特有化石、手工娃娃與布駱駝等。小帳篷裡頭雖頗為乾淨，但所有物件賣相皆不佳，布料老舊，做法粗糙，這裡更不是觀光客往來處，真不知究竟能賣給誰？

等了好一會兒，一個臉上蒙著白頭巾，約莫十一、二歲的柏柏爾小女孩兒匆匆跑了過來，急急忙忙跟我們打招呼。原來這小鋪子是她的，裡頭賣的化石是她從沙漠裡撿來的，布娃娃與布駱駝更是她親手縫製的。

女孩說她經營這小鋪子已經好幾年了，當初家裡要她幫忙掙錢，女孩兒勤奮懂事，自個兒找了幾根樹枝，拿了家裡不用的破布，簡單搭了個鋪子便開起業來。小鋪子搭在偶爾會有觀光客吉普車經過的小徑上，離住家帳篷雖有好一段距離，她平時就在家裡幫忙照顧弟妹、撿柴、餵羊，聽到吉普車停下來的聲音，才匆忙趕來做生意。

我問她生意好不好，被白頭巾蒙住半張臉的她看不出任何表情，就只是點點頭：「偶爾能有個觀光客買點小東西，我們家就多點錢吃飯。」

拿起她的布駱駝，整體造型與做法，一隻比一隻孩子氣！材料全是廢棄舊布，裡頭以鐵絲凹成駱駝骨架，填些羊毛與碎布，外頭縫上剪碎的舊衣，乍看之下真以為是垃圾回收，而非擺在店鋪吸引人消費的商品。對於全沒上過學，物資匱乏的遊牧人家女孩來說，這樣的手工娃娃與布駱駝便是她在自己的資源、知識、能力與經驗裡，所能做出的最好作品。

是疼惜吧，我挑了兩個布娃娃與一隻布駱駝，稱讚這隻布駱駝好特殊！女孩兒說，許久前有個觀光客給了她一個絨毛布偶，陪了她好些年，後來絨毛布偶壞掉了，她便把布偶剪開，做成這隻駱駝。而那兩個布娃娃，身軀臉蛋是一小截荒漠裡拾來的木頭，外圍裹上女孩兒在沙漠所能找到最華麗的布料，先以舊布條包在頂端做為頭飾，再縫上舊塑膠珠做為項鍊，成就女孩兒心目中那柏柏爾新嫁娘的綺麗優雅形象。

我詢問價格，女孩兒聳聳肩，面無表情地說：「隨妳給多少，就多少呀！」

一個與學校完全無緣的女孩的傾心傾力之作，一間以孩子僅有的資源在沙漠撐起的小鋪，就為了給家裡換取些許溫飽，這幾個以回收舊布製成的娃娃與駱駝得定價多少，才是「合理」？又如奈絲瑪的手工頭巾，若算上整個製作流程所耗掉的時間與心力，什麼樣的定價，才叫「合理」？

二〇一五年回沙漠前，我曾以「社會企業」為理想，琢磨更清楚明確的核心價值，希望能挺過市場考驗，同時不忘初衷。

幾年下來，我多次嘗試為遊牧民族製造些許工作機會，無奈旅遊業已愈形專業化，知識匱乏與能力不足讓他們的服務總有不到位之處。我也嘗試將遊牧婦女的手工布駱駝銷售到台灣，希望藉由改善經濟來提高女性地位，試了幾次後卻放棄了，由於物質與人力資源的短缺，當地沒有足以讓消費者願意付出高價購買的商品，遊牧婦女手藝不佳，作品缺乏技術性與藝術性，即便將最好的作品擺出來，依然難以引起消費者的購買欲。

幾位親密好友購買了布駱駝，我卻很清楚大家掏腰包的原因除了同情遊牧民族婦女處境，更為支持我的理念與計畫。然而，「慈善性消費」無法長久，一旦作品不足以吸引消費者購買，社會企業只能是理想，難以發展成運作良好的商業機制，觀光旅遊依然是唯一活路。

我轉以撒哈拉深度導覽為工作重點，將遊牧民族的真實處境列入導覽內容，帶客人深入沙漠到遊牧民族帳篷下喝茶，讓他們親眼目睹「氣候難民」的生活處境。偶有婦女帶著自己的手工藝品來兜售，客人往往欣然買單，這一來一往的交流、意義與影響反而更直接、更單純。

另一方面，一如二〇一六年春我與貝桑辦婚宴，為了彌補台灣親友無法出席的遺憾，我們準備了茶、糖磚、油、庫斯米及婚宴的肉品等，一一分送給沙丘後方的遊牧人家，就像邀請他們代替台灣親友參加婚宴般，我轉而以物資分享為主。帶導覽時，若有客人留下衣服、鞋子或任何物資，我們會再買些蔬果，一同送到遊牧民族手中。

三葉蟲化石

遠古時期，撒哈拉曾是一片汪洋大海，因之在沙漠深處藏著過往遠古生物活動過的痕跡——化石。

這些海洋古生物化石在開採、打磨後，成為可販售的撒哈拉特產，養活了沙漠一戶又一戶人家。遊牧民族販售的化石，最常見的是三葉蟲與平旋狀菊石，單顆菊石經簡單打磨可做項鍊墜飾，較大的塊狀化石則可製成高級衛浴洗手檯，全以外銷歐美為主。

化石泰半藏在無人荒野處，不少因乾旱而一無所有的遊牧民族揹著簡單工具、食物和飲水，走路或騎腳踏車前往荒野，在那兒待上好幾天，憑著經驗與耐性開採。有些化石暴露地表，較容易被發現、撿拾，但往往已風化、損毀，賣相不佳，珍貴且品相較優者，需頂著烈日或寒風辛苦挖掘。在荒蕪的沙漠裡，人一會兒就累了，卻是化石挖採工求一家餬口之地。若能幸運挖到化石，再想方設法將化石原礦送去給專業師傅打磨，準備販售。

貝桑家就是最真實的例子。

一如鄰近地區所有的遊牧民族，貝桑家因沙漠旱化而失去大批牲畜，在貝桑十歲左右走入梅如卡綠洲定居時，家中六個弟兄除了長子為礦工，全做一模一樣的工作：上山開採化石並向觀光客兜售。事實上，這曾經是附近一帶多數男人的工作。

觀光淡季時，他們幾個堂兄弟與朋友結伴，一行人騎著破舊摩托車，載著睡袋、水及簡單食物，搖搖晃晃沿著崎嶇小徑，前往更加遙遠荒蕪的山頭開採化石，那兒無水、無植被、更無人類。

挖礦時，幾個人就著睡袋露天而眠，餓了就啃自製簡易麵包，伴著一丁點帶上山的蔬菜，水用完了就到鄰近聚落的水井取水，克難地在蠻荒寒涼之地過上一兩個月。

裸露在外的礦脈，上頭依稀可見藏在裡頭的化石痕跡，礦脈堅硬，難以開鑿。遊牧民族的採礦工具極為原始簡單，僅用鋤頭圓鍬，小心翼翼將礦脈敲成較小石塊，再揹著沉重背包，親自扛下山，到小城找師父打磨、刨光，賣給前來旅遊的觀光客。

當年初識貝桑時我就問過他為什麼不把化石賣給觀光用品店，省得自己找觀光客，他搖頭：「開採化石的艱勞辛酸，若不曾身處當地，外人絕對無法想像！遊牧民族求的不過是僅供生存的一口飯，店家把收購價格壓得太低，根本是欺負人！賣給店家沒賺頭，不如自己找觀光客，慢慢解釋遊牧民族生活困境，有些善良的觀光客出手大方，會多給一點錢，我們收入還好些。」

為了販售化石，往往天未破曉，廣袤大地尚空無一人，遊牧民族便就著微弱燭光起身更衣，準備迎接駱駝與吉普車於天亮時載來的唯一財源——外國觀光客。他們在晨曦籠罩下稀稀疏疏地朝沙丘聚集，向或騎駱駝或開吉普車來沙丘欣賞日出的觀光客兜售化石，待朝陽升上天際，暗夜退盡，觀光客迅速散盡，再一一返回部落。貝桑說：「如果真主阿拉同意，當天可以賺點吃飯錢，如果一無所獲，那也是真主阿拉之意。」

為了方便清晨賣化石，遊牧民族往往在無水、無電、草木不生的蠻荒地夜宿簡陋泥屋。貝桑年輕時徒手蓋的過夜小屋是他花了三個月從很遠的地方挑土、擔水，和成泥塊，乾了之後再一塊塊疊起來的，建材全取自大自然與廢棄物。小泥屋高度不過成年人身高，勉強可在室內站立，入口僅擺著一座簡易火爐，破舊小桌上散落著傷痕累累的茶具，鋪在地上沾染沙粒的毯子就是就寢之處。日間照明僅靠兩扇紙張大小的窗，夜間則使用燭光。

長年過度開採，化石已愈來愈難取得，先前遊牧民族還可前往幾個特定地區撿拾，此時則必須跑到偏遠山區挖掘且愈挖愈深才找得到些許礦脈，大型化石更是罕見。然而，遊牧民族並未因「物以稀為貴」而改善生計，特殊客源與穩定通路依舊掌握在觀光用品店家手中，獨立採礦的遊牧民族無法找到化石收藏家，僅能以低價隨機賣給觀光客。

雪上加霜的是，長期以來，遊牧民族生計極度仰賴觀光客，不少飯店業者利用這個難以撼動的事實，要求遊牧民族免費當駱駝伕、帶住宿飯店的觀光客遊沙漠，好換取向觀光客兜售化石的機會。這種剝削行為幾乎已成慣例，畢竟部落多得是苦無工作機會的年輕勞力，飯店業者掌握的可是當地經濟命脈、是直接與觀光客接觸的第一線，若有人不肯任其擺布，飯店業者大可再找願意屈服的合作對象。

早年化石稀少，遊牧民族若能將化石賣給前來旅遊的歐洲觀光客，收入好些，近幾年由於貨物流通，摩洛哥各大城市與景點皆可見化石販售，不似以往珍稀。

見著一顆顆化石從撒哈拉堅硬胸脯裡被挖出，流向觀光客手中，我矛盾困惑：化石已愈開採愈少，那是撒哈拉的血與肉，是否還要將古老生命印記帶離沙漠？

無奈，當雨不來，水不再，再無生命，撒哈拉便只能以血、以肉、掏出過往的生命印記地餵養遊牧子民。

前往遙遠蠻荒之地開採化石並販售給觀光客，已是當地遊牧民族少數可以換取些許現金的謀生方式，若連這一丁點經濟來源都無，數量難計的遊牧民族勢必更無法在他們的故鄉沙漠生存。

我們曾行經一處戶數極少的聚落，滿臉滄桑疲憊的女主人拿了一大塊自製麵包與一碟橄欖糟粕壓製而成的廉價橄欖油接待我們，雖說粗糙無味，卻已是這家人最好的食品。

女子說，全家經濟仰賴丈夫到偏遠山上開採化石，再拿到小鎮刨光，賣給觀光客。她平時照顧幾頭羊，但附近全無水草，每天都得趕羊到好遠的地方吃草，羊兒依舊瘦骨如柴，賣不了幾個錢。

同為遊牧後裔的他們其實直到幾年前依然在沙漠四處遷徙，逐水草而居，沙漠旱化讓他們失去所有的牲畜後，只得朝聚落移動，偶然發現這間廢棄土屋便住了下來，雖然沒水沒電，好歹全家有個棲身地。

走進她昏暗空蕩的廚房，牆面被煙燻得烏黑，沒有瓦斯爐或冰箱等電器用品，角落有個土灶，櫃子上擺著幾副餐具，絲毫不見食物蹤影。

湖畔那對父子同樣讓我難忘。

年約五十的男子一身遊牧民族白長袍與褐長褲，頭包布巾，揹著破舊背包，帶著一個五歲小男孩。我與貝桑朝他們走去，打過招呼後，男子才將「商品」自背包裡拿出，擺在地上，一一介紹化石品種以及從哪裡辛苦開採回來。

男子說自己不曾上學，每天跟小孩帶著自己挖掘打磨的化石到湖畔向觀光客兜售，從清晨守到日落，只有午間烈日過大且無觀光客造訪，兩人才回家休息。觀光旺季時還可勉強餬口，若遇淡季，數月毫無進帳。

環顧毫無樹蔭或任何遮蔽物的四周，我至今無法想像他們如何度過一個個為烈日曝晒的分分秒秒。

好幾次了，貝桑問我要不要幫他親族友人賣化石，我不肯，希望導覽單純是導覽，不要有任何「販售」。更何況我對化石的「國際公訂價格」一無所知，卻怕人家跟我議價、建議我該怎麼做。摩洛哥奸商多如牛毛，殺價是常態，但在沙漠裡向遊牧民族購買化石，卻是不同語境。

一顆撒哈拉化石該定價多少？

之於我，那是撒哈拉的過往與記憶，那是沙漠曾是大海的證明，那是已然消失的生命曾在此繁衍興盛的遺留。遠古生物能以石頭的型態保存下來，是一場奇蹟，更是地球海洋古生命的遺跡，每顆化石各有姿態，一如每個靈魂的獨特性。古老生命的印記，無價。另一方面，如果沒有深諳沙漠地質特性的在地人辛苦開採，化石依舊藏在荒郊野外，販售一顆石頭的所得足以讓一家溫飽。這樣的「商業交易」性質與意義，究竟該如何訂價才「公道」？我沒有答案。

直到那一年，我偶然和貝桑前往化石開採地，結識了他的採掘工朋友與化石打磨師傅，親眼目睹挖掘工如何在除了石頭就只有石頭的荒地裡辛苦地開採化石，打磨師傅又如何使用簡單工具慢慢地將數億年前的三葉蟲化石從原礦裡喚醒，他們對沙漠的愛與對化石的熟悉，以及那份樸實單純感動了我，這才終於點頭，將化石帶回來，就在民宿裡轉售給我們的客人。

為了代售化石（以三葉蟲為主），我開始接觸相關知識，慢慢建構對三葉蟲的基礎知識，摸索三葉蟲的獨到價值，希望儲備多一些的自信與說服力。也用臉書與網路等最低成本且相當方便的工具尋找買家，甚至託相熟的台灣旅行團幫忙帶回台灣後再寄出，節省國際郵資的同時也降低銷售門檻。這些，全是第一線化石挖採工缺乏的「資源」。

看到客人真心喜愛從我手中買去的化石，讓我開心極了！愈加覺得自己只是一個管道，一個讓三葉蟲從撒哈拉流通到台灣新家的管道，它會被珍惜、欣賞，因為購買者真心喜歡她／他挑選的那顆三葉蟲。而這一場穿越數億年，從撒哈拉到台灣的相遇，過程中有「愛」，挖採工有了養家費，遠不只是製造了更多碳足跡的商品消費而已。

原生植物花草茶

摩洛哥擁有豐富多元的茶文化，使用的是中國進口的綠茶，以小火慢煮並加糖，呈現獨特的茶滋味，並因區域不同，各有特色。大都會偏愛在茶裡添加新鮮薄荷，成了外國遊客口中的「阿拉伯薄荷茶」，鄉間山村喜好加入新鮮香草植物，撒哈拉則有獨特的原生植物花草茶。

沙漠物資不豐，遊牧民族善用手邊所有資源滿足日常所需，甚至平添生活趣味，數種生長在荒野的原生植物因之成為遊牧民族隨手可得的醫療保健用品。把沙漠原生植物與茶葉一同放入搪瓷小茶壺，置於炭火上慢煮，加糖，再於玻璃杯及茶壺之間反覆傾倒，便能沖出一杯帶著獨特撒哈拉香氛的甜茶。由於所用原生植物不少是撒哈拉藥用植物，遊牧民族相信這茶「喝了對身體好」。

梅如卡沿著沙丘群建村，沙丘上的沙子格外細膩、乾淨且豔紅，人們相信這樣的沙子有著「阿拉的祝福」（barakat），不僅吸引國際觀光客，夏季更將湧入各地的摩洛哥人來做沙浴——將身子埋進被豔陽晒得熱騰騰的沙子裡，逼出一身汗後，清理身上細沙與汗水，飲下一杯滾燙的撒哈拉花草茶，驅逐體內溼寒毒素，恢復身心健康。

漸漸地，原生植物乾燥後混合製成的花草茶成了撒哈拉特殊文化表徵，各家配方自有巧妙且不外傳。也因撒哈拉野生植物的療效頗負盛名，不僅在沙漠城鎮可見傳統草藥鋪，城市裡也可發現它們的蹤跡。

貝桑的朋友A先生忠厚老實，年紀比貝桑大幾歲，家境不甚寬裕，早婚，又無兄弟可在工作上拉他一把，全靠他自己一個人到處打工養老婆和四個小孩。也因很年輕就出來工作掙錢，除了每年夏天的沙浴季節從不缺席，頂著大太陽將沙子堆在客人身上，餵客人喝水，協助客人清理身上的沙並擦去排出的汗水，再飲上一杯花草茶，所有在沙漠能幹的活兒他全做過，也都做得好，真真「吾少也賤，故多能鄙事」。

多年經歷讓A先生偶然獲得了一個花草茶配方，輔以他對撒哈拉原生植物花草茶難能可貴的知悉，與貝桑討論後，兩人加以改良，讓整體口感更溫潤馨香。有些野，那是荒漠的悠香；微微刺激舌尖，那是大地的不馴。若單純以熱水沖泡，金黃茶湯依舊馥郁溫潤，自舌根漾出的輕微苦澀，那是腳踩礫漠碎石的刺疼。而將這些曠野芳香植物經過適當比例調配後，卻又嘗得出傳統草藥智慧的底蘊，滋味迷人。

二〇二〇年初春全球疫情爆發，阻絕國際旅遊，等同斷了所有仰賴觀光業的沙漠人生路，期間國門雖曾開放，二〇二一年底卻再度因疫情攀升而鎖上。想到繼續在沙漠耗著只是折損心志，既等不到觀光客，更不可能有任何收入，我向貝桑提議到北部里夫區走走。那兒有海，離西班牙近，之前不少外國遊客取道西班牙，搭渡輪，從坦吉爾或西班牙飛地休達（Ceuta）及梅利利亞（Mellilia）入境摩洛哥，在這個所有觀光業者都不知未來該如何走的階段，或許我們可以從里夫一帶的現況瞧出端倪，規劃未來。

幾天後，貝桑說想邀請A先生同行。每年夏天，很多里夫人都會特地來梅如卡做沙浴，也很喜歡撒哈拉花草茶，往往都會買些帶回去。貝桑和A先生計畫帶著自己調配的花草茶到里夫區兜售，擺擺地攤，希望多少有些進帳。

接下來幾天，他倆先到城裡批些已經乾燥且可入茶的撒哈拉原生植物，再在民宿院子裡一小把一小把地細細篩揀枯葉雜物，撣去粉塵，以純手工的方式將乾燥植物徹底清理一遍後，再依一定比例混合，裝成一包包茶。

兩人同時興奮地討論該如何在里夫區呈現撒哈拉花草茶的獨特滋味，我建議帶張地毯，方便擺攤，A先生帶了旅行用瓦斯爐，想在擺攤時煮茶讓客人品嘗，直說這麼好的茶，客人喝了一定會買。貝桑帶了撒哈拉傳統長袍，說是一穿上，大家看了就知道他們是正港沙漠人。

抵達坦吉爾後，我才發現除了茶，他們還帶了數箱椰棗、椰棗醬以及磨成粉狀的藥用植物，顯然對擺攤掙錢一事有所期待。而最奇特的莫過於一罐罐裝著白色固狀物的小玻璃瓶。貝桑說那是駱駝油膏，是A太太特地到市集購買新鮮駱駝峰脂肪，以貝都因傳統古法親手熬製而成，可塗抹身上保護皮膚，或當成按摩油。

我這才慢慢意識到，不僅A先生渴望多點收入，就連A太太都緊緊抓住可能的掙錢機會。貝都因傳統將養家活口的重擔全然交付給男性，由此可以想見疫情對經濟向來不甚寬裕的他們造成多大壓力。剎時，我竟也有些心情沉重。

與西班牙僅隔直布羅陀海峽的坦吉爾雖然是座經濟活動多元的國際大城，仍不免受到疫情衝擊，街頭完全不見外國遊客，相當冷清。無暇感傷的貝桑與A先生在城裡轉悠，四處詢問何處允許外地人擺攤。原本鎖定傳統市集，可他們畢竟是沙漠人，對擁擠混亂且龍蛇雜處的地方避之唯恐不及，尋覓許久，終於在傍晚選定了濱海公路，簡單地打開後車廂，讓路人可瞧見裡頭的茶與椰棗，兩人便宛如沙漠般寂靜地展示商品，等候著。

我說在台灣擺攤都得大聲吆喝叫賣，這麼低調的話，路過的人哪知葫蘆裡賣什麼藥？想賺錢就不能害羞呀！貝桑便要A先生穿上傳統長袍當廣告活動看板，自己卻推說怕尷尬而不穿。

總算，接連幾天在公路旁晒太陽、吹海風，他們成功賣出了幾包茶與椰棗，兩個人高興得和孩子一樣！可惜好景不長，警察前來驅趕，我這才明白為了避免引起警察注意，他們只能以低調隱微的方式兜售。

在坦吉爾擺攤的希望泡泡被警察的哨聲吹走後，我們沿著海岸線驅車前往蕭安（Chefchaouen）。這座知名的藍白山城一如梅如卡，經濟上愈來愈依賴觀光客，是往昔全球網紅拍照打卡不停歇的「藍色珍珠」。當疫情阻隔了遊客，只剩當地居民在蜿蜒巷弄裡走動，穿梭其間的小推車不再載滿貨物與遊客行李，唯有不以觀光客為主要客群的菜販較不受影響。

A先生見市集裡有幾家賣茶的鋪子，一家家詢問是否願意收購撒哈拉花草茶，店家紛紛搖頭。大疫之下，哪家鋪子不是囤貨難以出清？又怎麼可能進從沒賣過的新貨？

顯然同樣苦於疫情的山城居民無意買茶，沮喪的貝桑與A先生想往下個城市碰運氣，愈發讓我感受到落在他們肩上的經濟重擔。

離開蕭安，我們沿著海岸線繼續前行，本應遊客絡繹不絕的海灘、飯店與商城空無一人，度假村宛若鬼城。那時，摩洛哥與西班牙外交關係頗為緊張，西班牙飛地休達和梅利利亞與摩洛哥之間的國界依舊關閉，不知何時才能重現外國遊客搭著渡輪前來的光景。

我因一整車找不到買家的花草茶而憂傷，更不願這批茶從撒哈拉出發，走過山，過海，還得一路踉踉蹌蹌跟著我們回沙漠，便試著在臉書幫忙兜售。讓人驚喜萬分的是，好幾個台灣朋友隔海下單，這批茶有了「國外客戶」，就連A太太親製的駱駝油膏都銷售一空。

萬萬沒想到，最大困難竟是出貨！疫情重度影響國際物流，不僅郵資飆漲，包裹遺失風險亦高，摩洛哥時不時就拒絕受理寄往台灣的包裹。總算克服萬難終於將包裹寄出後，我立刻請貝桑將茶款與駱駝油膏盈餘轉交給A先生。

沒人想得到里夫擺攤體驗竟終結於台灣鄉親的善心認購。從海邊返回沙漠途中，A先生眉開眼笑，買了些新衣給孩子們，快到村子時還特地前往傳統市集採購，瞧他宛若拎著戰利品般將新鮮蔬果奶蛋堆上車，誰說他不是在外打贏擺攤賣茶之戰的英雄呢。

貝桑和A先生特調的撒哈拉花草茶配方內含八種植物，唯一的花來自素有「玫瑰谷」美名的克拉特－姆古納（Kelaat-M'Gouna），品種為大馬士革玫瑰，也是配方裡唯一以人工種植的作物，其餘七種全是採自野地的撒哈拉野生植物，當中我只認得喀門索菲（Camun Soufi），因為貝爸。

貝爸很喜歡綠色生命，也是貝桑家族唯一發自內心想和我一起在沙漠種植樹苗與任何作物的人。過了大半輩子遊牧生活的他，對沙漠每個區塊的植被瞭如指掌，每逢春季便要兒子們載他到荒野割野菜，嫩的可給家裡煮來當沙拉，老的粗的餵羊。對綠色生命的喜愛讓貝爸成為家族鄰里的藥用植物諮詢對象。一有機會他就會前往荒野摘採可供藥用的野生植物回家整理，夏天沙浴季也常拎著自己調配的茶四處兜售。有一回甚至老練地對我說，如果要賣茶，就要穿上破舊的衣服，客人比較容易掏腰包。

有一天，貝爸拿了個塑膠袋給我，說是送我的禮物。我好奇打開一看，是一把淡金黃色的植物，上頭有著細細的絨毛，模樣挺可愛的。貝爸說這是煮茶用的，喝了對身體好，還握著拳頭在肚子前面畫圈圈。貝桑解釋，淡金植物叫喀門索菲，是早期遊牧民族的藥用植物之一，可整腸健胃，清除體內穢物，緩解腸胃不適，味道又好，家裡人都很喜歡，貝爸尤其愛喝。

正說著，貝爸直接走進民宿廚房，精心為我煮了一壺加了喀門索菲的茶，我嘗了一口，驚訝地發現那滋味好極了！正如茶裡多了一道黃金糖般的甜味，是嗅覺也是味覺的，呼應喀門索菲本身的色澤，帶著土地的能量，那是連綿沙丘的金亮且溫潤，卻又如風一般地輕盈流動，柔和了中國綠茶的苦澀，在小火慢煮下，化成一杯帶著大地底蘊與焦糖香的金色茶湯。

爾後，只要貝桑身體不適、疲憊、壓力大，或者單純想喝好茶，貝媽就會為她嬌弱的么兒煮一壺加了喀門索菲的甜茶。貝桑喝下熱騰騰甜滋滋的茶，蒙頭大睡一覺，身心便同時獲得了家族之愛與喀門索菲的療癒。

見我對喀門索菲充滿興趣，三哥告訴我，喀門索菲生長在某些荒野地帶，是阿拉照顧的，滋味才會這麼好。我好奇詢問喀門索菲生長在何種地質或區域，三哥只說就在撒哈拉，但沒有人比貝爸更清楚。

三哥回憶道，有年乾旱相當嚴重，接連餓死了家裡好幾頭羊兒和駱駝，貝爸貝媽愁容滿面，不知日子該怎麼過下去，這時，在西撒遊牧的親族托人告訴貝爸那裡下了一場雨，貝爸一聽，趕忙收拾衣物，貝媽本以為要趕羊去吃草，萬萬想不到貝爸將羊群與貝媽留在原地，只帶上年紀最大的三個兒子往西撒直奔而去，一路又是搭便車，又是大巴士，又與多人共乘大計程車，不時還得在烈日下步行，花了好幾天終於抵達西撒後，父子四人帶著水與椰棗一個勁兒往沙漠深處走。

也不知走了多久，竟然來到一大片長滿喀門索菲的荒野。貝爸得意地對兒子們說：「如果趕羊來西撒吃草，羊還沒長肥，草就沒了。我知道這裡一旦有雨，喀門索菲就會回來，我們採天生天養的喀門索菲回去賣，會有錢的。」

三哥記不得和爸爸與哥哥在荒野待了多久，只記得那年他們採了好幾大袋喀門索菲，賣了不少錢，不僅能搭貨車回村子，還有錢度過旱情難關。三哥嘆了口氣：「遊牧民族生存不是仰望天，就是依賴地，那年還好有喀門索菲……」

我從沒想過，有天能親眼在荒野看見喀門索菲。

貝爸逝世那年，秋雨足，大地染上一片綠意，我與貝桑帶著兩個姪子一起到荒野走走。一處布滿堅硬黑礫岩的山丘上，就在板狀礫石間，鋪了厚厚一層從沙丘吹過來的細沙，其間生長著某種植物。我好奇彎腰一瞧究竟，只覺那上頭的種子樣貌奇特，似乎有些眼熟，定睛一看，呵，竟然是喀門索菲！原來喀門索菲是生長在撒哈拉岩礫細沙間的一種植物的種子！

我趕緊叫貝桑來確認這是不是喀門索菲？他點頭笑著說，貝爸生前有時候就是親自來這樣的地方摘採喀門索菲回去做茶。

兩個姪子聞聲過來，低頭看了一眼，抬起頭開心笑著說：「這是喀門索菲，阿公最愛的茶！」我們四人久久不語，共享一份對逝者的懷念。

我望向遠方，整顆心被一股強烈感動揪得緊緊的。

植物無法生長在板狀黑礫岩上，但礫岩與礫岩之間堆積著風送來的細沙，讓雨水得以含藏，當風攜來了喀門索菲，不偏不倚落在礫岩縫隙間的細沙上，就在沙子保住的那一丁點水分滋潤下，一株綠色生命便能昂然生長於礫漠，種子還可舒緩遊牧民族的身體不適，讓單調的飲食多些變化，或成為可流通市場的商品，讓沙漠子民多些收入，甚至，成為世代傳承的思念。

石膏雕像

摩洛哥有著豐富多元且歷史悠久的手工藝品，用於建築的裝飾藝術更是一絕，如木雕、馬賽克與石膏雕刻等。

傳統石膏（Gebs）雕刻相當優雅細膩，講究精準對稱，通常用來裝飾清真寺、皇宮與豪宅的牆面上部、拱廊與天花板等。

據信石膏雕塑緣起於美索不達米亞，西班牙摩爾人將此藝術推向顛峰，進而將精緻的馬賽克、石膏雕刻與木雕藝術帶入摩洛哥，十三世紀時，石膏雕刻即出現於摩洛哥建築裝飾，通常做為方形房間上部和圓頂天花板之間的過渡元素。基本上，安達魯西亞風格的建築裝飾由三層不同的工藝所組成：地板與牆面下部為馬賽克，上部為石膏雕刻，頂層天花板以木雕裝飾，各有專精的師傅，普遍使用於清真寺、伊斯蘭學院、皇宮與富豪屋舍等。

進入現代，石膏雕刻仍活躍於室內裝潢，然已簡化，多半用來裝飾天花板。

偶然間，於千年古城下，敦厚古樸城牆旁，我遇見了一位石膏雕刻師，獨自坐在城牆旁，手上握著石膏，以專業工具細細雕刻著，身旁擺著他的作品，或人物，或動物，甚或想像的世界。偶有觀光客經過，他抬起頭，只是微笑，卻未出聲叫賣。我好奇蹲下，逐一細看他的作品，那塑像樸拙優雅的容貌，刀工純熟細膩，讓人讚嘆！

我忍不住與他攀談，得知他年約五十，名為哈立德，家中世代皆為石膏雕刻師，從小跟著大人學習雕刻，只讀過幾年書，時代的轉變讓人們對石膏雕刻的需求少了，為了生計，父親開始嘗試雕刻具象作品，向觀光客兜售。他很年輕便跟著家族走入這一行，除了石膏雕刻，不曾做過其他行業，甚至無法想像讓石膏雕刻缺席的日子該如何過。

我問，伊斯蘭藝術多為抽象，傳統石膏雕塑無具象作品，他是怎麼雕刻出這些女人、男人與動物的呢？

他指指自己的腦袋，說：「我自己想像，自己摸索的，我看著一塊石膏，我很熟悉石膏，看著看著，我就看到了。」

我瞧瞧手上的雕塑，呵，是啊，他所雕刻的，正是他生活的世界啊，以布巾包裹身軀的伊斯蘭婦女，包著頭巾的男人，長髮飄逸的女子，抑或鳥、駱駝與大象，莫不是北非傳統生活的寫照呀。一道道細細的刻痕落在米白色石膏上，蜿蜒流暢，雅致脫俗，讓整個雕塑活了起來，是帶著童趣的活潑純真，卻又有著古老技藝的沉穩內斂，細膩的刻痕和諧對稱而不落入俗套，人物容貌尤其安詳，靜靜望著世界，是古老城牆的敦厚，是歷史的恆存，是傳統工藝的保存，也是石膏雕刻的現代藝術演進。

向觀光客兜售作品的收入並不穩定，我問他生意好嗎？

他淡然笑著，只說日子還過得去。

最讓我激賞的是他那渾然天成的創造力，能在一塊石膏裡看見生命，有些作品不僅是立體，甚至是雙面的，大象背後藏著坐臥的男子，優雅女子背後有著華麗羽翼的待翔鳥，而一個以布巾包裹全身，遮住臉龐，只露出一雙眼的女子，背後則是蓄著鬍鬚，衣著高雅的男人。狀似無關的組合，天馬行空地落在一塊石膏上，激發無限想像，是一篇篇絕美的人間故事。

在古城石膏雕刻師身上，我感受到一種怡然自得的淡泊喜悅，當時代持續往前推移，帶著古老底蘊的工藝並未死去，而是轉變形式，靜默地與古城同在。

柏柏爾婦女手織地毯

亞特拉斯山區柏柏爾婦女手織地毯精緻特殊，上頭的圖案不僅是裝飾，更是文化符碼，含藏對幸福豐盛的期許、對生命的守護、自然環境及日常生活剪影，甚至很可能是一封情書。可惜的是，商家未必知悉地毯上的訊息，忽略文化密碼的解讀，單純把地毯當觀光商品販售，丟失了傳統文化與動人故事。

好比我偶然遇見的那唯一一條藍綠色地毯。

柏柏爾婦女偏好自行將羊毛手染成想要的顏色，各家自有不外傳配方，亞特拉斯山谷田間可種些藍染植物，藍色地毯又有抵擋邪惡之眼侵襲的文化意涵，靛藍色因此成為柏柏爾婦女偏好的顏色之一。

這條讓人驚豔的藍綠色地毯彷彿有光！那優雅潔淨的色調是久旱甘霖後的撒哈拉天空，是大水再歸的澄淨湖泊，亦是波瀾不起的無盡海洋，在混濁人世間，發亮。從來沒見過如此藍綠色調的我完全無法移開視線，急問商家這地毯來自誰人之手？顏色是怎麼染出來的？

商家聳聳肩，不知地毯來歷，只在乎我到底買不買。完全無法抗拒的我以高價將這條地毯帶回了沙漠，愛不釋手。除了這藍綠色調簡直神奇，創作者更是心思細膩，地毯上方懸掛著南十字星符號，右方坐落一顆以紅綠黃黑白與藍織成的八角星，恰是最典型的柏柏爾配色。

不僅如此，柏柏爾符號密集地點綴整張毯面，邪惡之眼、田園、亞特拉斯獅腳掌、南十字星，甚或城堡，還有一些我認不出的符號，熱鬧活潑且不失雅致細膩，將一幅山間生活景致藏在地毯裡，歡愉、豐富、鮮明，卻又調皮地要人猜測當中的故事。

那年我們沿著「千堡之路」探索文史時，我正著迷地望著早因人去樓空及風吹日晒雨淋已成廢墟的古堡，想像曾有的故事，一個年約三十的男子朝我走來，客氣地帶我在廢墟裡走了一段路。

我明白男子的出現絕非偶然，若非導遊，便是想做生意。果然，逛完古堡廢墟，男子邀請我到家裡喝茶，我不好推辭，便隨他走進古堡鄰近的棕櫚樹園。沒料那裡竟有一扇完好的門，門上一塊鐵板招牌，簡單標示著女性手織地毯工作坊。進門一看，兩位女性正在編織機前忙著，年長那位朝我笑了笑，手上的活兒不曾停歇，較年輕那位年約五十，自稱是男子大姊，熱情親切地向我展示了梳理羊毛、捲毛線與地毯編織等技巧。

大姊說，他們兄弟姊妹共六人，雖已各自婚嫁且另建現代水泥屋舍，因不忍老宅破敗，齊力稍微修繕後便做為營業用的編織工作坊。姊妹與媽媽每天回老屋織地毯，一條地毯的誕生，從剪羊毛、梳毛、捻線、染色再到合力編織，所有細節不假他人之手，全由家族女性協力完成，爾後再將成品交由家中男子販售給店家或遊客，販售所得除了養家，也用來繼續整修屋舍。偶爾會有認識的摩洛哥導遊帶些歐洲遊客來參觀工作坊，讓她們獲得較好的收入，甚至曾經接待法國攝影團隊，讓傳統地毯編織機與老宅出現在紀錄片裡。

得以走入極少數尚未化作塵土的古老古堡（人類物質遺產），悠閒地喝茶聊天，看著柏柏爾婦女以代代相傳的古老技法編織著地毯（人類非物質文化遺產），冬陽和煦溫柔，空氣安靜得只有編織的聲音，時間彷彿就此凝滯，瞬間永恆。

這間碩果僅存的百年老屋雖非富貴人家的豪宅，卻完全呈現了舊時的建築結構與生活方式，樸實簡單又不失雅致，人的溫度與家族情感在空間裡流動，歷史印痕就在一磚一瓦與斑駁土牆裡，溫婉細膩。

最難能可貴的更是手足齊心協力，讓土夯老宅與傳統編織工藝得以傳承。這樣的手織地毯讓我感動，帶了幾條回沙漠，再轉售給找我們導覽的台灣遊客。也因為幫忙賣地毯，有了一份信任，她們更願意敞開心房對我說實話，讓我獲得更多更真實的第一手田野資料。

將地毯從山上帶回民宿後，我很愛一張張閱讀，練習解讀一個個符號的含意，拼湊地毯上的訊息，說與他人聽。之於我，地毯不只是值得觀光客收購的紀念品，更是傳統庶民藝術，若能好好地訴說地毯的故事，不僅更能覓得適合的買家，也能讓購買者與地毯產生更個人、更深刻也更緊密的連結，這張專屬於購買者的地毯也將帶來更多感動與喜悅，以及對異文化的理解。

然我不曾試圖強迫推銷，總相信美好秀逸的手工藝品有靈魂，會召喚最愛她的人來帶她回家，而我就像座橋樑，試著解開文化密碼，讓購買者在萬中地毯裡，認出她來。

從我手中流通出去的每一條地毯，都是我和貝桑到亞特拉斯山上，一一拜訪柏柏爾婦女或小鋪子，精挑細選而來。我會迅速解讀一張張地毯上的柏柏爾符號，挑選涵義最豐富深遠，編織最優美、雅致且和諧，有故事、會說話且有「光」的作品。即便小地毯流通較易，我卻真心覺得精彩作品往往大件，總得格局夠，空間廣，才能讓柏柏爾婦女的技藝、想像力與創造力自由揮灑。

二〇二二年齋戒月期間，我試著藉由臉書，將手邊幾條柏柏爾手織地毯銷往台灣。雖然時值俄烏戰爭期間，全球燃料飆漲，國際郵資高昂與包裹郵寄的不穩定讓消費者卻步，然而每一張手織地毯都是獨一無二的，一旦被命定的夥伴「看見」，真心喜愛與靈魂相呼應讓訂購者願意承擔高昂郵資與郵寄風險，在這樣的訂單裡，多了一份一般網購所沒有的義無反顧。

那一條於山間偶遇的靛藍色地毯，就是這樣被「看見」的。

這張我一見便再無法移開視線的靛藍色澤地毯為植物手染，顏色不均，卻非刻意做出的漸層效果，在中間偏上的地帶，一條深藍色落在那兒，出奇地引人目光。整張毯面由幾條對角線切割成數個菱形，在菱形中央，坐落或大或小的菱形，在上層與下層散落著半個菱形，地毯上下以柏柏爾獨特的黑白交織開啟並結尾。

仔細端詳這張地毯，我忍不住笑了！

柏柏爾傳統地毯文化中，藍染及菱形可說與「法蒂瑪之手」同義，能抵擋邪惡之眼的侵襲，避邪、護生、祈福。這張地毯不僅底色為靛藍，整張畫面又是對角線切割成的菱形空間，又是以紅橘黃線織成的菱形符號，上下那兩排如火焰般的半個菱形暗示開始與結束相連結，無始亦無終，是而生生不息。

呵，我還真沒見過哪張地毯如此張揚狂放地傳遞抵擋邪惡力量侵襲的訊息，且就這麼唯一一個訊息，神祕的，儀式的，靈性的，純粹而強大，野性而流動，大剌剌地向這世界展現抵擋邪惡的決心。上下那兩道黑白交織，細膩雅致且繁複，風格似乎與狂野的靛藍色調相悖，卻又有著某種微妙的和諧，以細瑣優雅的黑白交織，柔和了靛藍毯面的狂野直接。

我向柏柏爾婦女詢問這條地毯的「身世」：由誰所織？為何如此編織？是否有特殊意涵？她們面面相覷，聳聳肩，只說鄰近一帶的婦女相互流通地毯，協助彼此販售，這條地毯應該出自一位柏柏爾老太太之手，但無人清楚來歷。

狂野如非洲，沉穩如山脈，色調變幻如天與海，面對邪惡力量且毫無畏懼，如此張揚大器的地毯讓我毫無招架之力，帶回沙漠後一度動念留在自己身邊，卻也深知這毯屬於另一個更適合的人。

在臉書宣告流通地毯數天後，我收到一則陌生訊息，買了兩瓶駱駝油膏，表明期待看到待售的地毯，無意間說了句，如果買了，「我會將它當成帶領神聖課程時的聖壇布」，這話讓張揚狂野的靛藍地毯倏地閃過眼前，我傳了照片給她，便也就是了。

她這才說自己是靈性療癒師，與我聯絡前剛剛帶完光的課程，巧的是，這條地毯上的紅黃橘線條，竟呼應了她正使用中的平衡油配色。

她謝謝我成為彩虹橋（訊息使者），讓她覓得一條強大的地毯，我則因這一連串的美麗巧合而讚嘆不已。

另個美麗感動來自於一條白色長毛地毯。

那年在山上，我走進了一位柏柏爾老太太屋內，成堆手織地毯裡，其中一條彷彿泛著珍珠般的光澤，折射出世界的繽紛絢爛。

那是一張由純羊毛手織而成的白地毯，從剪羊毛、清洗、梳理、捻成毛線再到編織，完全不假他人手，由家族婦女花費數月協力完成，長一百七十公分，寬一百二十公分，重達四公斤。

在同類型的柏柏爾長毛白地毯裡，這是我見過最特出的一張，整張白地毯的故事由上方一排連綿起伏的亞特拉斯山脈揭開序幕，偌大毯面散落著一個又一個彩色符號，看似孩子們的隨手塗鴉，活潑、隨興且滿滿童趣，卻又彼此巧妙呼應，一個符號便是一個故事，又或一首歌，又似閃爍著的一顆顆七彩炫麗小燈泡，在亞特拉斯群山環繞下，譜成千變萬化的世界，一個由柏柏爾符號吟唱著的大千世界。

特別讓我著迷不已的是上頭的柏柏爾符號，古樸原初，太過幾何，讓我幾乎相信這不過是孩童的隨手塗鴉而非乘載訊息的古老書寫系統。鑽研許久，我只認得出上頭的邪惡之眼、獅子腳掌與田園。

踩在這麼美的長毛地毯上，總讓我有褻瀆藝術的罪惡感，只覺自己會遭天譴！

柏柏爾老太太希望我們幫忙以更好的價格賣給適合的買家，換取一家溫飽。明知大件厚重地毯流通不易，可我實在無法抗拒這張地毯的魅力以及老太太的懇求，便帶回民宿，待售。

好長一段時間，白地毯雖驚豔眾人，種種現實因素就是沒人能將她帶走，太重、太大件、家裡太小、台灣太潮溼不適合長毛地毯、白色容易髒等。每個讚嘆她美麗的人，從來只是僅有一面之緣的過客，我不急，陪她靜靜等待最愛她的人。撒哈拉不時颳起的沙塵暴讓潔白毯面逐漸積了些鵝黃粉塵，彷彿她允許時間將自己的美麗遮起來。

總有人說她美，考慮購買，想看個仔細，我很有誠意地錄影、傳給對方，終究無疾而終。

二〇二二年齋戒月某日，我攤開地毯，忽地認出左上邊角角的亞特拉斯群山下有個十字形符號，我將柏柏爾傳統項鍊墜飾「布各德特」（Boghdad）放在旁邊——兩者皆為「南十字星」在柏柏爾文化脈絡底下的演繹。

瞧，在一張柏柏爾地毯裡，高亞特拉斯群山繚繞，南十字星在天邊閃耀，無論高聳群山象徵對原鄉的依戀、不可跨越的障礙抑或遙遠未知的豐富與神祕，愛與希望的星光就是在天邊閃爍著，指引靈魂前進。多美！

我拍了張照片，上傳臉書。

幾個小時後，一位陌生女子經由臉書聯繫我，問，白地毯賣出去了嗎？她本來要睡了，看到照片，一場驚豔！趕忙敲我，深怕被買走。

我說她連地毯全貌都沒能見著，怎知自己想要？

她說：「我很喜歡白色地毯，雖然照片是一小角，一眼就覺得喜歡。」

在她要求下，我傳了地毯全貌的照片與影片，她非常確定就是要。然而，這張純羊毛手工織成的白地毯重達四公斤，國際包裹所費不貲且有遺失風險，一時之間，她拿不定主意。

我沒多想，當她是「很喜歡但是帶不走」的眾多仰慕者之一。

兩天後，她跟我說她就是要定了，願意承擔所有風險。我多少被她感動，知道她真心愛極了這張毯，是那個「對的人」。她甚至在尚未看到地毯全貌之前就已經愛上了。

聽她一說，才知原來她即將步入結婚禮堂，這張白地毯將用來布置她與夫婿的新家。呵，在古老時代，精緻繁複的大件柏柏爾地毯常是祝賀新人的結婚賀禮之一，這巧合多麼美麗！

積了撒哈拉鵝黃粉塵的白色羊毛讓我腦中忽地閃過一個畫面，便也讓手中唯一的愛情鳥石膏雕塑往她的方向飛去。

她很開心地請我解讀地毯上的符號。白地毯有好些古樸原初的符號，我還真沒見過，只認得出邪惡之眼，其餘不是很有把握，可一個聲音說著：「這地毯絕對藏有要給她的訊息，快去找！」我趕忙起身，將整張地毯打開，鋪在地上，找了好一會兒，嘿，終於找到了！在地毯右上角亞特拉斯群山下，鷓鴣的眼睛閃爍著，恰是一對呢！

在柏柏爾符號裡，鷓鴣的眼睛象徵美麗、敏捷與靈巧。

不一會兒，又認出上頭的柏柏爾傳統胸針。

就這麼著，由亞特拉斯山村柏柏爾婦女親手織成的潔白地毯，被我帶到撒哈拉，積了些鵝黃粉塵，終將飛向島嶼，成為一位女子的新婚賀禮，伴她與愛侶走入人生新階段，還有了自己的名字——女子將地毯取名為「純真」。

我想，這肯定是披著北非傳統藝術形式對婚禮的美麗祝福。

商品也可以飽含文化與愛

多年鑽研與用心感受後，我終於能夠辨認出地毯上一個又一個的符號。

這些年在沙漠，面對與家族之間的種種衝突、婚姻挑戰與客源不足的窘境，我持續進行著自己真心熱愛的文化探索。我沒有很強，只是要求自己必須清楚手中流動的產品本質是什麼，從撒哈拉深度導覽到一條手織地毯，都一樣。

偶爾有人把我當摩洛哥代購，舉凡塔吉鍋、香料、鞋子、皮製品、陶器與茶壺，都想找我「下單」，我總不假辭色地回：「那些東西網購就行，不需要勞動到我。能讓我願意出動自己來協助流通的，當中必定有我認同的價值。」

好比花草茶，一株植物能在沙漠生長，多麼不容易！花草茶不只是撒哈拉的贈禮，也是遊牧民族傳統茶文化，駝峰脂肪熬製的駱駝油膏則是中藥裡「駱駝脂」，具祛風活血、消腫解毒的功效，兩者都是遊牧民族善用資源在艱困的撒哈拉存活的智慧。

這世界不差我一個商人，單純的商品流動也無法吸引我，我總想做些不一樣且能創造屬於我個人獨特價值的事情。雖然從未正式成立以「公平貿易」或「社會企業」為號召的公司，卻可以讓每一條從我手中流通出去的地毯都飽含文化與愛的故事，並讓資源流向當地女性工藝創作者與保存者。

我試著讓自己成為管道，讓北非大地的精緻美好流向我的故鄉島嶼，也讓故鄉的資源與感動流入我腳下這塊大地，成就一篇美麗特殊的人間故事。無論導覽、書寫或手工藝品流通，莫不是相同初衷：分享這塊土地讓我感受到的喜悅與豐盛，即使這場禮物偶爾戴著黑色面具。

雖然不擅經商，但為沙漠人創造些許工作機會，與故鄉人分享撒哈拉的美與豐沛能量，甚至讓商品交易同時還能是一場文化交流與分享，向來是我心中大願，謹願初衷依舊，事隨人願。

女孩做的布娃娃與布駱駝，以及迷你小帳篷內部

柏柏爾女孩的小鋪子矗立在布滿碎石的曠野中

沙漠深處滿布堅硬石礫的荒野不見人跡，唯見碎石小徑隨著
山勢蜿蜒起伏，遠處即是摩洛哥與阿爾及利亞的邊界

↑↑ 一碟橄欖油、自烤麵包、甜茶，就是遊牧人家的一餐

↑ 奈絲瑪做的布駱駝、布鱷魚與塔吉鍋造型器皿

↑↑ 沙漠野地裡的奇石，狀似烏龜，並非化石，而是風化自然生成

↑ 開採出來的海洋古生物化石經過切割與打磨，可成小盤、項鍊、洗手檯、裝飾品或桌面等

↑三葉蟲化石

←三葉蟲化石的複眼清晰可見

↑↑ 亞特拉斯山脈連綿起伏，水流經山谷，帶出河岸棕櫚樹、橄欖樹及樹下農田

↑ 荒廢古堡裡的婦女將自然生態、生活場景與對生命的美好祈願化作幾何符號，收藏在手織地毯中

長毛白地毯全貌。最上方第一排大三角形圖案象徵亞特拉斯山脈，左上角山脈下為南十字星符號，右上角山脈下藏著一對鷓鴣的眼睛符號，毯面尚有柏柏爾胸針等多種符號

↑多種柏柏爾符號密集點綴藍綠地毯，上有南十字星與典型柏柏爾配色（紅綠黃黑白藍）的八角星等

↓隱去文化意涵，單純做為觀光紀念品販售的柏柏爾地毯，常見於摩洛哥古城舊市集

手織地毯上的柏柏爾符號各有意涵，呈現傳統文化的豐富與女性編織工藝的巧妙細緻

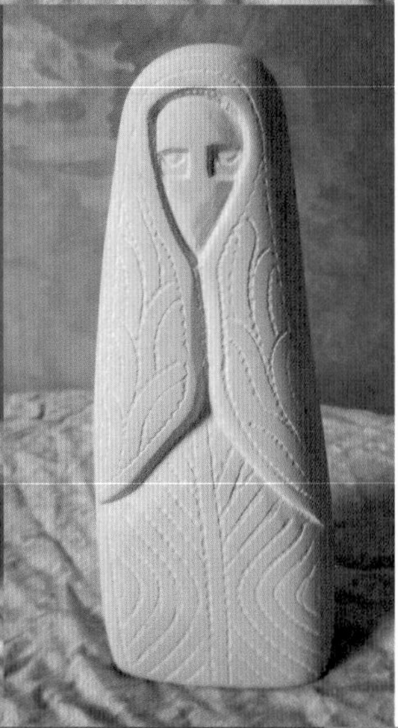

石膏雕像古樸雅致，造型多元，單一作品或藏有雙重面容，如長髮女性背後是一隻奇特的鳥（上）、裹著頭巾男性背後的女子只露出雙眼（中）、寧靜面容後頭有一頭大象，衍生多種故事

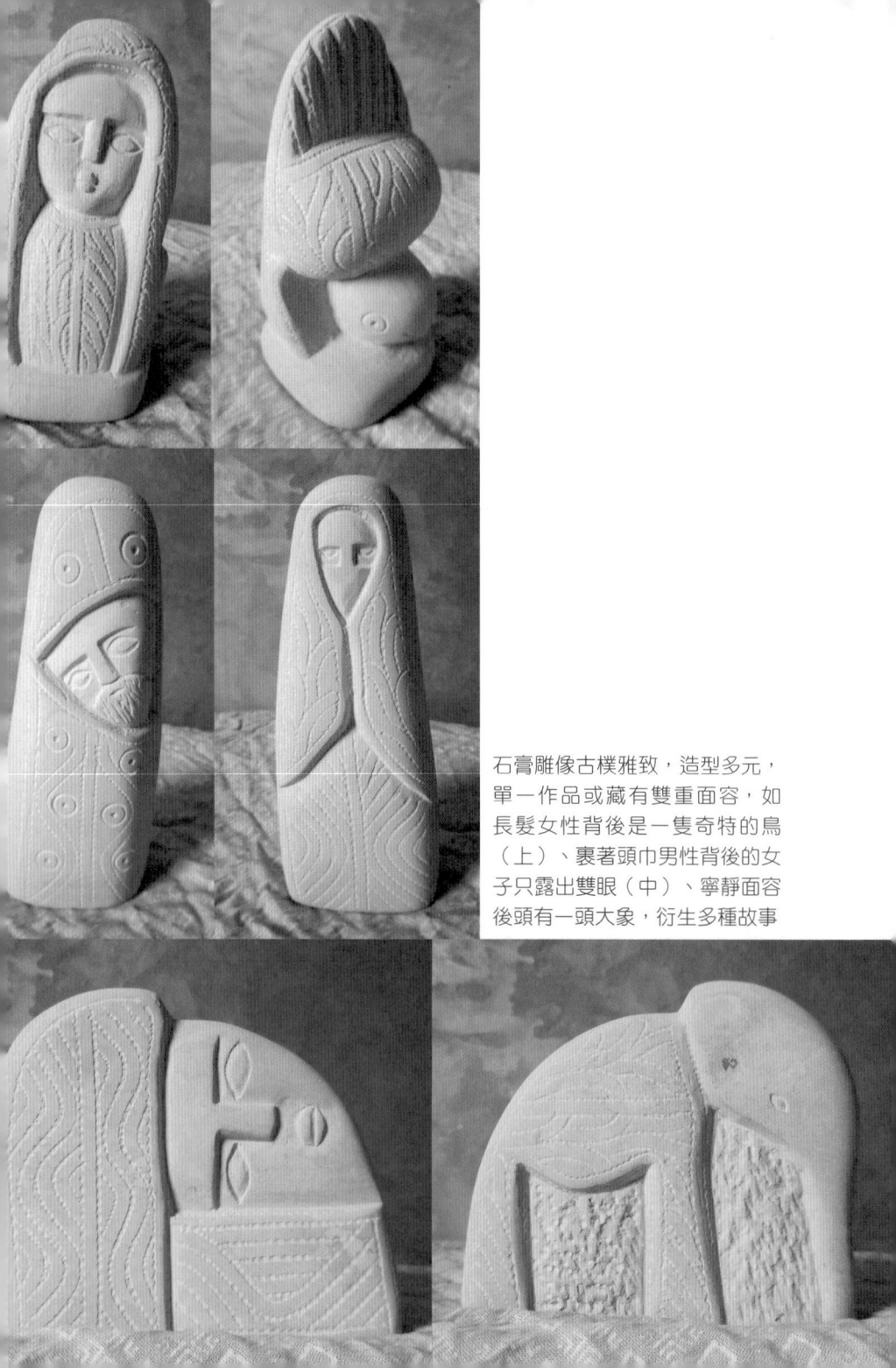

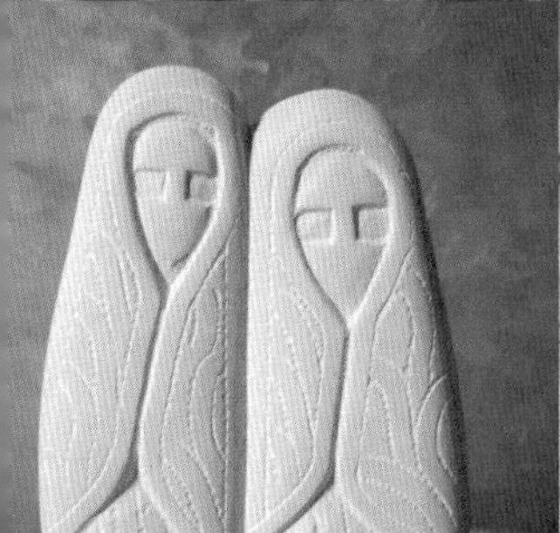
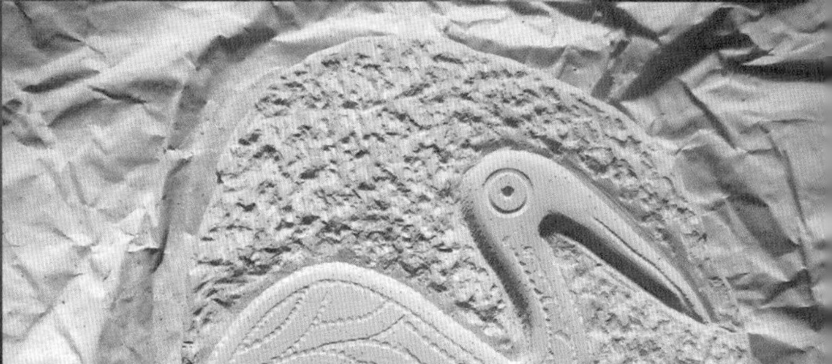

淡金黃色的喀門索菲

及時雨：星球旅行社

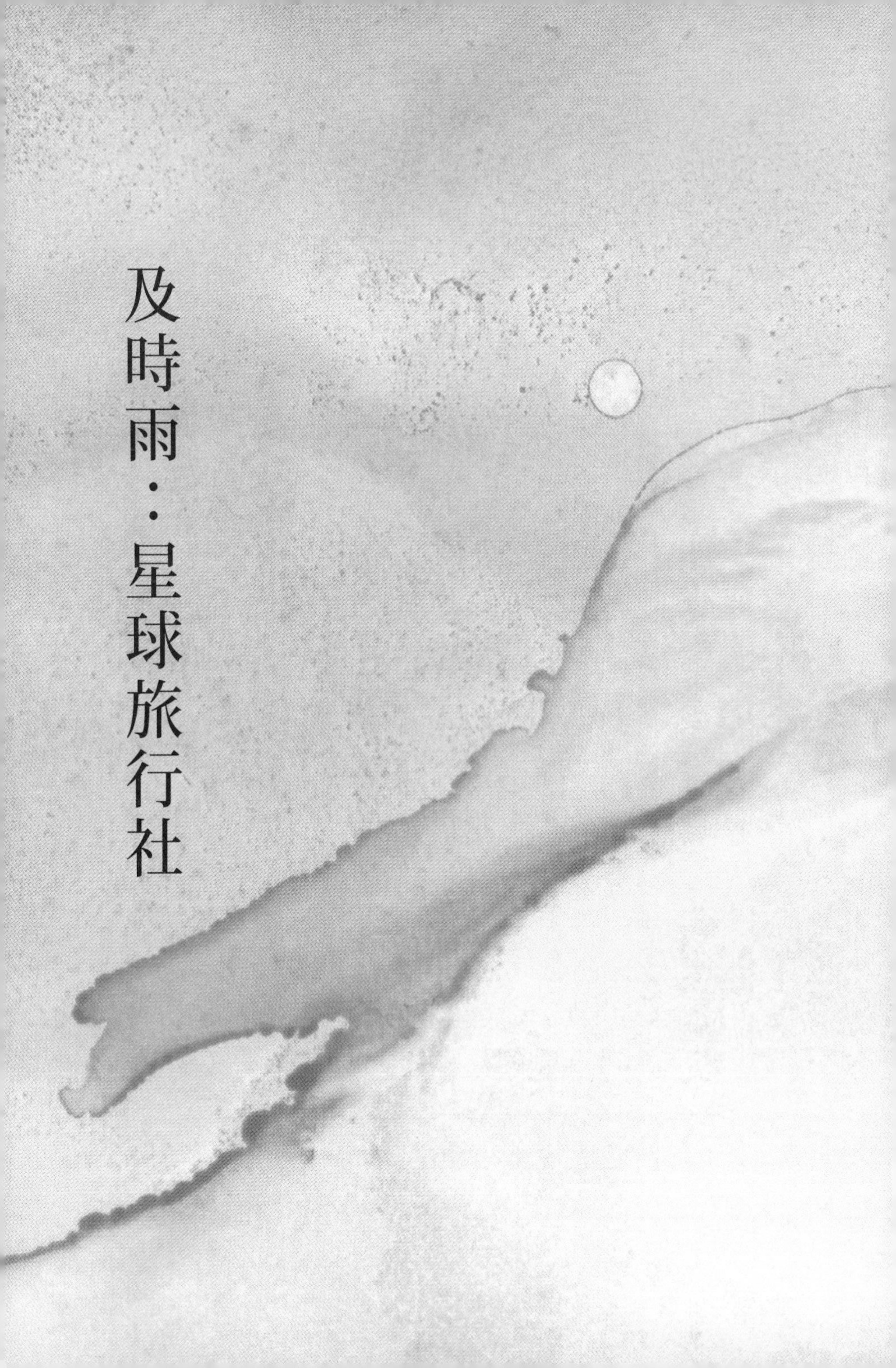

二〇一五年底我剛回沙漠不久，台灣星球國際旅行社S領隊主動約我與貝桑見面，商談合作的可能。

那時提供摩洛哥行程的台灣旅行社不算多，S領隊說撒哈拉雖列為必訪景點之一，卻只是帶客人上沙丘騎駱駝看日出或日落，過個夜，隔天一早就前往下一站，在沙漠待不到二十四個小時。

我眉頭一皺，冷冷地說：「撒哈拉這麼大，可以看的東西那麼多，匆匆來去，根本不算來過。」

待S領隊回台灣與公司討論後，隔年便開啟了「天堂島嶼」和星球的合作，讓我與貝桑的導覽工作正式進入新階段，也讓剛踏進旅遊業的我擁有在實戰經驗裡學習的機會與較為豐沛的資源。那時也是我和貝桑家族的蜜月期，雙方正從陌生慢慢走向熟悉，家族對我相對寬容，願意協助。

我們將獨家導覽調整成適合旅行團操作的形式。民宿成為星球團在沙漠的第一站，大夥兒先在沙龍喝茶，聽我介紹「天堂島嶼」整體計畫，為隔日導覽暖身，初期甚至在民宿用餐。到了重頭戲的隔天，則以吉普車帶領星球團深入沙漠，進行一整天的撒哈拉深度導覽，並以傍晚騎駱駝到沙丘上看夕陽畫下句點。

晚餐裡的心意

與星球合作初期，客人在沙漠第一餐便在「天堂島嶼」民宿。我們會請人打掃民宿、像款待遠道而來的朋友般認真又專注地用心準備晚餐，餐後則打鼓娛賓，提供水菸，讓星球團度過熱鬧愉快的撒哈拉之夜。

帶著「風土餐桌」的概念，我們力圖給予最貼近在地美味的餐飲。最常見的摩洛哥塔吉，我們捨棄現代快鍋與瓦斯爐，回歸傳統，以陶鍋炭火慢慢烹煮，讓香料、蔬菜與肉帶著獨特炭烤香並完美融於一鍋。

一聽說我們接了台灣旅行團，貝桑家族自動前來協助，烤肉的烤肉，煮塔吉的煮塔吉，烹調傳統庫斯米（couscous）則交給貝桑的姊姊和嫂嫂們。待客人離去，眾人再一起收拾碗盤與善後，林林總總陣仗驚人，「服務人員」和客人一樣多。

有一回，星球全團素食，我們特地前往里薩尼市集購買陳年椰棗，請貝媽親製祖傳椰棗醬搭配麵包和煎餅，讓她老人家足足忙了一整天，清晨四點就開始用炭火柴燒緩慢熬煮，工法細膩反覆，極為仰賴經驗與火候，這才把陳年椰棗熬煮成一罐滋味道地甜美的椰棗醬。

星球團對餐點往往讚譽有加，直說是在摩洛哥最美味的一餐！還說大飯店的料理毫無特色，每一家味道大同小異，我們提供的則是細膩用心的傳統家常料理，充滿人的溫度。貝桑親手做的炭火陶爐牛塔吉味道非常好，被客人用麵包抹得連醬汁都不剩，庫斯米也很合口味。

有一回，貝桑姊姊進城辦事，特地趕回來煮庫斯米。待客人離去，我告訴她星球團說她煮的庫斯米比他們在非斯吃的更好吃，更符合台灣口味。她聽了好開心！指指胸口，說自己細細地放入了很多愛。

餐後則是帳篷前的音樂營火晚會。

在偏遠蠻荒沙漠地帶，音樂共享深入日常生活，男孩與男人們不時聚在一塊兒演奏樂器、唱歌、跳舞，所有人皆能玩上一點音樂，天生自然的音感與歌喉，自幼在兄長帶領下，萌芽茁壯。音樂與舞蹈全然湧現自真實生活感受，或隨著打在鼓面上的手指，或引吭高歌，讓早在心底吟唱的樂音流瀉而出，於家的氛圍裡醞釀與分享、教導與傳承。就連不足三歲的小男孩一看到鼓都不自覺靠近，用一雙小手敲打著鼓，唱起歌來。

我們讓貝桑年幼的姪子們穿上傳統長袍、包上頭巾，打扮得帥帥氣氣地為客人打鼓，客人的熱情掌聲給了孩子們極大的肯定與鼓勵，有時客人甚至下場和孩子們一起玩音樂。沙漠與島嶼間的音樂分享及交流，自然而然地在溫暖柔亮的營火旁發生。

有一回，不時來民宿打工的貝桑表哥突然想為客人吟唱貝都因傳統歌謠，遊牧民族雖然活在音樂律動中，但不太有「表演」的概念，當晚氣氛極佳，是而有了吟唱的渴望時，便也隨興地開口成歌。

另一方面，這也是把改變帶入家族的嘗試。我們特地為孩子們添購新衣與頭巾，一來鼓勵他們，二來更希望孩子們能以自身傳統文化為榮，即便將來他們進城後可能因為「貧窮鄉下來的」而被城裡人欺負、瞧不起，都還能有足夠的內在力量，不因他人的無知愚蠢而否定自己的出身。

還記得那時由於民宿團隊未臻成熟，我希望聘請專人協助，偏偏貝桑非得把家族拉下來幫忙不可，我雖極力解釋相關服務流程與細節，一再叮嚀，他們點頭如搗蒜，客人一來卻依然照自己的方式操作。

於是，用餐時因無人發號施令，上菜略嫌紊亂。我指揮不動他們，數度提醒貝桑他現在的身分是領導者，他點點頭，依然埋頭當服務生。幸好客人自動自發，補足我們不夠周到之處，用餐氛圍愉悅。

我為了晚餐的亂無章法向星球領隊道歉，領隊笑著說：「沒有誰一開始就很厲害，全是磨出來的。」

幾次下來，眼見幾個大男人在平時寧靜的民宿忙碌，我深感「工作」的意義不僅只是謀生，更是在過程當中感受自身價值，溫潤並穩固既定人際關係。前來工作的夥伴皆是平時熟悉的親族，有著一定的信任基礎，在工作與服務旅客當中，更是親族情感再凝聚，強化家族原有關係網絡。

邁入二〇一七年，沙漠旅遊愈發興盛，貝桑親族全在旅遊業裡打滾，一到旺季個個忙著掙錢，前來協助星球團時工作態度愈形散漫，甚至趁火打劫。

一回，我採買了整個冰箱的食材，說好來幫忙煮塔吉的貝桑姪子不僅嚴重遲到，食材也只用了三分之一，害客人根本吃不飽不說，待客人離去，他大搖大擺將冰箱裡沒用完的食材全部帶回家族老宅，眾人瓜分。

我瞠目結舌地看著這幕荒謬在眼前上演，從此以後，星球團晚餐改由我親自烹調。星球團抵達前一天我和貝桑便進城到市集採買最新鮮的食材，晚上我就開始備料，洗菜、切菜、醃肉。

星球團抵達當天，貝桑表哥打掃民宿裡裡外外，我則在廚房忙著煮台式晚餐，番茄炒蛋、牛肉燉蘿蔔與馬鈴薯、牛肉炒青椒與滷全雞等，搭配白米飯，不管怎樣都要把客人餵飽。

親自下廚其實是我的一大突破。之前我不敢煮給客人吃，畢竟星球團一路吃住五星級飯店，我哪敢自曝其短。爾後接了幾回中國自由行散客，由於他們普遍吃不慣塔吉，我只好自己下廚，看到客人把菜吃光光，這才慢慢有了自信，也才理解旅客在沙漠裡吃到熟悉口味的感動與開心。

雖然親自下廚大大增加工作量，心理壓力反而小，因為我可以確認客人會吃到什麼，即便不是大餐，但口味比較吃得慣，也比較容易控制份量，絕對不會讓客人餓肚子。

拼湊而成的團隊

與星球旅行社的合作可說加速夢想實踐，讓我不再孤軍奮戰，感受到團隊合作的愉悅與力量，也打破了我對「旅行社」的既定印象。

較具規模的旅行社若帶團來沙漠，總將食宿與騎駱駝等服務交給飯店一併處理。飯店客源穩定，多半有自己的駱駝群，也有合作的車行。遊牧民族由於欠缺資本與專業能力，往往淪為打工仔，或說「獨立工作者」，頂多就養幾頭駱駝，或者有吉普車可以載客，運氣好時接接自由行散客，旺季則偶爾幫忙消化大飯店或車行的訂單，撿撿觀光業大餅掉下來的碎屑。

開始和星球合作後，我們便和同樣是獨立工作者的朋友分享難得的工作機會。「天堂島嶼」的撒哈拉深度導覽以吉普車代步，所需車輛依照團員人數而定，我們邀請認識的司機加入團隊，因全是貝桑朋友，不僅工作氣氛和樂，也更有默契，較無商業氣息。

沙漠裡，只見大型旅行社出動的吉普車外觀全一個樣，同車款，同顏色，漆上車行或旅行社名稱，整齊劃一。我與貝桑帶的星球團呢，一個司機一款車，就和撒哈拉生態一樣多元豐富。

騎駱駝亦然。

一回，星球團將騎駱駝行程改為清晨看日出，到了預定地，我詫異地發現駱駝伕竟然高達五位！原來貝桑知道我想讓大家都有一口飯吃，不嫌麻煩地分別和五個很窮的駱駝伕訂了駱駝，不像客源豐富穩定的大飯店有能耐豢養數十頭駱駝，他們每個人擁有的駱駝都是個位數，由於星球團所需駱駝數量較多，大夥兒便你出兩頭、我出三頭、他出五頭地湊足數量，一起來工作！

衝擊沙漠性別傳統

若干緊扣當地庶民生活的人文活動，由於需與傳統對話，將他人拉進工作團隊，執行難度反而較高，因牽涉到當地人的「能力」與「意願」。

二〇一六年七月，星球團選擇在豔陽高照的夏季走訪沙漠，白晝戶外高溫可達四十五度，氣候與人數眾多等因素，我們勢必得調整行程，將部分行程帶入室內且同樣能夠呈現沙漠文化特色，例如傳統遊牧婦女編織、塔吉料理教學，甚至是「黑那」（henna）指甲花彩繪。

沒想隨即遇上了困難。當地人極少受過正規教育，無法理解何謂「教學」或「工作坊」，尤其傳統女性不見外人，要她們面對一群外來旅客示範編織，根本跨不過心理障礙，也衝擊了性別傳統。

星球領隊希望能讓客人體驗黑那，我便想請三嫂幫忙。然而在遊牧傳統裡，貝都因女人不僅極少單獨出門，更不外出工作掙錢，姊姊和嫂嫂烹調庫斯米並賺點工作費，已經堪稱前所未有的一大創舉！相較於在廚房料理食物無須走出家族屋舍，幫星球客人畫黑那卻必須出來面對「陌生客／外人／異族」，更不用說讓她們避之唯恐不及的相機。

我對三嫂保證星球團不會朝她亂拍照，她甚至可以把臉遮起來，三嫂依然不放心。委婉和她談了一個禮拜，她總不置可否，雖然知道我們給的工作費向來豐厚，依然推說有小孩要顧、怕被照相，遲遲未點頭。

就台灣人來說，這簡直不可思議。畢竟那時三哥手頭拮据，孩子又小，多個掙錢機會有何不可？但她們真的不是這樣想。貝都因女人的幸福與存在價值不建立在工作、金錢或事業，而是婚姻與家庭，錢的確沒人會嫌少，但該賺錢養家的是男人而非女人，遵循傳統而不踰矩對三嫂來說，更重要。

正當我幾乎放棄時，三嫂主動詢問台灣朋友何時來，需不需要她幫客人畫黑那？我喜出望外，連忙點頭。她馬上說：「不可以拍照！更不可以拍臉！」我再三保證星球客人一定會尊重當地傳統，請她不用擔心。

看著三嫂笑咪咪的神情，我知道她不是為了工作費來幫忙，而是家族式的義氣相挺，也因為她覺得星球客人都很好，讓她很放心，喜歡這樣的和樂氣氛，想跟我們在一起。

古老傳統箝制了女性，也制約著男人。

在接連與星球團愉快合作的正向影響下，我身邊這個貝都因家族對於「外來者」的接受度慢慢增加，姊姊和嫂嫂終於不再趕在客人抵達前倉皇躲回家族老宅，願意留在民宿的廚房裡幫忙。

隔開沙龍與廚房的那面牆有一扇大窗，平時上菜，餐點就從這扇大窗直接遞給在沙龍裡服務的人。

有一回，三嫂與姊姊煮完晚餐留在廚房善後，三哥站在大窗旁幫忙遞茶水、送菜。當晚氣氛愉悅和樂，星球客人對晚餐讚不絕口，想當面謝謝三嫂與姊姊的好手藝，我對三哥轉達客人的邀請，三哥卻帶著和善的微笑婉拒了。在所有客人的「含情脈脈」下，我試著說服三哥，說三嫂和姊姊站在廚房大窗邊向客人打聲招呼就好，不用走進沙龍。三哥卻相當堅持，不願妻子暴露在眾人目光下，即使三嫂會遮臉，即使星球團不會拍照，即使家族都在旁邊，妻子在他的視線內，而且我們全部都在民宿空間裡，三哥依然不願「違背傳統」。

我們的交談與客人的期待讓正在擦拭爐子的三嫂感受到了什麼，轉頭詢問三哥是不是客人覺得晚餐不好吃？聽完解釋，三嫂完全沒有三哥的彆扭，帶著自信的微笑，坦然自在地說：「沒問題啊，樂意之至！我不需要遮臉。」接著整理頭巾，細細遮住髮絲，露出姣好的臉蛋站在大窗旁，落落大方地接受客人的掌聲、讚賞與感謝。

可見啊，根本不是女人想躲起來，而是男人怕自己的女人被他人看見。說到底，傳統藉由恐懼，緊緊束縛著男人，是而捆綁了女人。

而三哥呢，恐怕是生平第一次老婆這麼不聽話，他的男性權威無法影響老婆的意志，需要一點時間消化這場文化衝擊。

傳統性別限制在沙漠處處可見。

我和貝桑主打獨家導覽且每團親帶，貝桑卻很不喜歡我「拋頭露面」，違背善良風俗，說會讓他沒面子。村裡不時有人明裡暗地嘲諷：「哇，你老婆到處趴趴走，到哪兒都看得到她，跟男人一樣。」他無限委屈地說大家都笑話他，說他不像男人。

貝桑因愛而和異族走入婚姻，骨子裡到底是個傳統大男人，無法擺脫內建的傳統家族規範，二來親族輿論壓力確實也讓他難以承受，希望我乖乖待在家就好，即使到出門帶導覽的前一刻都不放棄地問：「妳要不要待在家裡？導覽我來帶就好。」

我看都不看他一眼，冷冷地說：「好啊，等你有辦法用中文帶導覽的時候。」

類似爭吵反覆發生無數次，為了讓工作順利，生活少些波折，帶導覽時，我會讓所有司機認為貝桑是唯一發號施令者，自己不過是個中文翻譯。我也從不和司機交談，都由貝桑傳達訊息，畢竟他才是「唯一掌權的男性」。

導覽景點其中一站是黑奴音樂村，由於表演的格納瓦樂師清一色男性，不時又有其他吉普車司機走動，外加男性外國觀光客等，貝桑相當介意，希望我留在車上，由他獨自帶客人進去即可。雖覺荒謬，我從善如流，給他的男性自尊保有最後一線生機。

即便如此，沙漠男性自尊薄弱易碎的程度，仍不時讓我嘖嘖稱奇。

帶星球團騎駱駝上大沙丘欣賞日落時，在旁隨行的我和貝桑往往以吉普車代步，有一回，一位客人想步行上沙丘，便空出了一頭駱駝。最後一頭恰巧是美麗的白駱駝，領隊問我要不要騎？沒多想的我便在駱駝伕協助下上了駱駝，排在最後頭。這時，貝桑突然發現我不知何時騎在駱駝上，飛快奔來，向駱駝伕交代了幾句，駱駝伕點頭，到別隊陪伴另個駱駝伕去了。只見貝桑得意洋洋地牽起我騎的這頭白駱駝，調整駱駝順序，讓白駱駝成為第一頭，接著繩索一拉，牽起整個駱駝隊往大沙丘走，瞬間當起了駱駝伕。

我愣住，問他為什麼要接過駱駝伕的工作？他開心地說：「沒什麼，我今天就想牽駱駝。」我再問為什麼要讓我這頭白駱駝變成隊伍第一頭？他說不為什麼，他就想這麼做。好一會兒才說：「我不能讓我老婆的駱駝讓別的男人牽，太尷尬了，違背傳統，我會沒面子。」

又比如，星球團因人數較多，需要數輛吉普車，但向來由貝桑的車打頭陣，我們同車，方便工作與溝通。

有一回導覽跑了將近一半，領隊冉安萍問我要不要換搭另一輛車，和不同的團員認識認識，大夥兒有很多話想問我，她很久沒跟我見面，也想多聊聊。

我對貝桑說了想換車，貝桑搖頭，說：「不行，成何體統！」還哀怨地說：「我老婆搭別的男人的車，我會沒面子，很尷尬。」

後來安萍親自問貝桑可不可以讓我坐在她旁邊，貝桑一臉為難地問我：「那妳會坐後座嗎？」我點點頭。

接著，所有團員統統見證了貝桑依依不捨地看著我上了另一個男人的車的背影。

身為「異族」，若非長居沙漠，走入貝都因傳統並在當中工作，不可能將他們的傳統、衡量、價值、思維與情感看得如此清楚。我們以為在貧困邊緣生活的他們一定很想賺錢，事實上，遵循伊斯蘭傳統、維護家族價值及家族情感，遠比金錢吸引力更大。

從身邊這群貝都因女人的生命展現，我知道自己無法理解她們在家族傳統中所享受的幸福，也因此，若他們無法理解我的價值觀、情感與理想，實屬正常。

更何況，我一個「外來異族」若真想在沙漠做事，卻無法認清並接受當地事實，設法讓理想在這塊土地上找到立足點，甚至讓計畫從這塊土地長出來，進而朝我渴望的方向成長，那麼事情便完全不可能有作為或任何的希望。

貝桑與家族的改變

民宿經營雖是商業行為，但每一位來自台灣的旅客之於我，與其說是客戶，其實更像朋友。

無論平時我與貝桑及家族間的文化衝突多麼激烈，準備迎接星球團時，所有人都同心齊力在民宿忙著，期待、興奮、喜悅，整體的空間能量美好而溫暖。

沙漠經濟與情感生活以血脈相連的家族為運轉核心，繞來轉去，總不脫家族血脈姻親範圍。貝桑總想把家族拉進團隊，除了想把難得的賺錢機會留給家人，更因家族團隊確實有其默契、效率與貼近人心的溫暖。

很快地，星球團的到來改變了家族，初期以女人與孩子最明顯。

我讓家務打掃與廚藝成為值得付費的勞動，而不是女人理所當然一肩擔起的勞務，只要嫂嫂或姊姊來幫忙，我一定支付豐厚工作費，也將星球團對餐點的肯定，完整如實且迅速地回饋給費心準備料理的她們，讓她們愈來愈有自信，甚至流露某種「專業」氣息，很在乎客人是否喜歡。

剛開始，她們會在傍晚時分前來民宿烹調晚餐，之後便趕在客人抵達前躲回家族老屋，直到客人離去才來民宿善後，從不與客人、外人打照面。

慢慢地，她們接受了「外人就在附近」的事實，客人在沙龍用餐時，她們自在愉悅地留在廚房。不知何時，星球團的男性領隊甚至可以進出廚房，女人沒有尖叫離開，也沒有忙著遮臉，對待台灣人就像對待自家人般，某種特別的信任已然建立。

對孩子們來說，星球團的到來堪稱撒哈拉童年一大盛事！他們不時含情脈脈地詢問星球團何時再來？發現我們開始打掃民宿便深情款款又不無含蓄地問：「需要我們來打鼓嗎？」若搖頭，他們馬上出現心碎的表情，垂頭喪氣地離去。若說好，他們往往熱情地要求來民宿練鼓，想呈現最好的一面給星球團看。

星球客人對孩子們的表現永遠捧場，掌聲不斷，讓他們開心得不得了！有客人想給孩子們打賞，我想了想，請客人拿給我，再轉交給他們的爸爸處理，比讓孩子們直接從客人手中接過金錢要來得好，畢竟我希望孩子們和音樂、和客人之間的關係永遠單純美好。

晚會結束後，孩子們跑來謝謝我們願意讓他們來玩、來打鼓，幾位客人給了些獎賞，我全數交給貝桑大哥，由大哥均分給孩子們。那晚，孩子們整個胸膛挺了起來，歡喜自信！隔天還一直跑來跟我說謝謝！

最深刻長遠的影響，自然發生在貝桑身上。

無論哪一團，其實每一次都是一場在沙漠的初次見面，卻總是像老朋友般熟悉。溫暖和善的星球客人給予熱情肯定，我們的導覽愈帶愈順，讓貝桑這個雙魚座老么慢慢長出了屬於自己的自信。

貝桑非常看重星球團，平時再怎麼孩子氣、鬧情緒，一旦進入工作狀態，認真賣力，不放過每個細節，只想把工作做到最好，只希望客人個個歡喜滿意，帶著美好的撒哈拉經驗與回憶離去。

工作中，貝桑學習獨當一面地成為領導者，學著同時處理許多事，暫時忘卻家族煩憂與爭吵，歡樂認真地投入工作中，有了積極正向的能量往前走。

重輩分、重排行的貝都因傳統讓身為老么的貝桑從小在最無資源且毫無決定權及話語權的氛圍下長大，凡事服從兄長，不知家族傳統以外的價值，以至於當我數度與家族爭吵，對他衝擊尤大，左右為難。

能力最強且最有野心的四哥與我的關係緊張，有時四哥罵貝桑跟罵狗一樣，當眾罵他無能，譏笑他不像個男人，跟著台灣老婆屁股後面跑，忙上忙下，依舊兩袖清風。但藉由與星球團一次又一次的合作，貝桑終於有了學習當家作主的機會，並從中成長、建立自信與自我價值，在這保守、僵化且相當重輩分的沙漠地帶，已可說是打破傳統的奇蹟。

貝桑非常享受甚至渴望來自客人的肯定與稱讚，只要感受到一點點來自客人的欣賞與愛，隨即人來瘋上身。

有次導覽來到「大湖」，貝桑像個想自我表現的小孩，酷酷地對我說：「我要為客人介紹沙漠藥用植物！」接著便使出渾身解數，一一指著各種湖畔植物，活靈活現地解釋遊牧民族如何將野生植物運用在物資不豐的沙漠生活裡，聽得眾人嘖嘖稱奇，鼓掌叫好。

貝桑樂極了，雙魚座粉紅少女心不斷冒泡泡，喜孜孜地叨絮那座山叫什麼名字以及山名的由來、自己是在沙漠哪個角落的哪棵樹下出生云云。聽得我心想，再這樣下去，他可能會開始對客人訴說他的一生了。

午餐休息時，帶著孩子氣的驕傲，貝桑喜孜孜地說：「星球客人說昨天晚餐很好吃，每一道都很好吃，還說我做的牛肉塔吉比姊姊的庫斯米好吃。因為我不僅廚藝好，而且我煮塔吉的時候，是帶著很多很多的愛下去煮的。」

那一整天的導覽裡，貝桑不停在我耳邊反覆問：「台灣客人開心嗎？他們覺得沙漠美嗎？我們這樣的行程安排可以嗎？他們需要什麼嗎？有想再看什麼嗎？他們有覺得我們哪裡需要改進嗎？」

有一回，星球團即將抵達，貝桑姪子在廚房裡煮茶，我一走進沙龍，看到貝桑對著一瓶礦泉水誦唸《古蘭經》，接著喝了幾口，再將水灑在民宿內，淨化空間，祈求工作平安順利。

呵，無論已經和星球旅行社合作了多少次，貝桑永遠這麼慎重，這麼緊張！工作尤其賣力，在廚房裡指揮上菜，與司機聊天，在營火旁玩音樂自己也下去打鼓，愈來愈像個領導者且樂在其中，每一次都卯足全力，想將服務做到最好，想給出最好的自己。

星球總監林婉美時常鼓勵貝桑。有次她邀請我們到飯店共進晚餐，親口對貝桑說，她和客人都知道貝桑非常認真地挖出了一個個私密景點，認真規劃路線，讓星球團在撒哈拉走訪的，全是訪客很少、非觀光化且藏著遊牧民族故事的地方，這樣的行程一點都不商業，而是帶著愛，用心在做。還稱讚貝桑非常細心，默默照顧每個客人的需求，盡量給出最好的。

貝桑一聽，喜上眉梢！他的個性非常適合帶這種有感情的深度導覽，讓客人享受一場與眾不同的撒哈拉之旅，因為他真的是帶著真心與感情在付出，當這份用心被看見，必然歡喜。後來巧遇貝桑堂哥，貝桑更得意地說，林總監請我們用餐，稱讚他把導覽帶得很好，驕傲開心得跟什麼一樣！

我想起有一回，貝桑含情脈脈望著正帶星球客人攻頂大沙丘的領隊背影，以非常在乎卻又裝作不在意的口吻開口：「今天星球客人對撒哈拉行程滿意嗎？」

我邊回答「讚！大家都說讚！」邊心想，這是你今天第一千零一次問這個問題。

貝桑：「真的嗎？」

我：「那當然！整座撒哈拉就你最強！」

貝桑：「星球領隊對我今天的表現滿意嗎？」

我：「他愛你！他是真的愛你！他說只要一到沙漠，就只能靠你了！」
貝桑嬌羞地轉頭，笑了，望著遠在沙丘上的領隊背影，含情脈脈，不語。

善良又慷慨的星球團

沙漠經濟由於極度仰賴觀光，有時之於台灣人的小錢，就能讓沙漠貧困家庭換得一日溫飽，「讓遊客的到來成為回饋當地弱勢的資源」更是我規劃撒哈拉導覽的不變初衷，因此即使是一路吃住五星級的旅行團，我們都會走訪沙漠裡的弱勢族群。

然而，雖然我心裡多少希望星球團的到來能夠造福更多仰賴觀光客維生的貧困者，卻不知該怎麼說才能讓客人毫無壓力地以購物「回饋」當地弱勢。

幸好，星球團善良又慷慨。導覽其中一站位於山岩頂端，從高處瞭望撒哈拉多元地貌，聆聽地方史。沿著通往制高點的小徑旁，一個又一個遊牧民族擺起攤子，四四方方的鐵盒裡擺著撒哈拉化石、鑰匙圈與沙漠玫瑰等。

稍加解釋小販們為何在前不著村、後不著店的曠野擺攤，全因生活困頓、全家住在寸草不生的荒漠裡後，星球團往往熱心買些紀念品，甚至自動分配，這個人向這攤買，那個人在那攤買，好讓每攤都有一點收入。

導覽當天的午餐，我們安排在沙漠深處一棵高大的百年老樹下進行，讓星球團既可以休息、用餐，還能感受老樹在沙漠的魅力，我也有較多餘裕與大家交流，解釋沙漠種種。

想在荒野中變出一餐，絕對需要熟悉當地，知道哪兒適合團體休息、用餐，並擁有一定人脈，請得到專人烹調。

少說十五年前，貝桑朋友在沙丘後方一棵老樹旁搭建了一間小土屋與幾座黑帳篷，專門接待背包客，但因地處偏遠且設備簡陋，客源稀少，他乾脆將帳篷收了起來，卻又想留在這麼美的風景裡，便改成午餐服務，在樹下現烤柏柏爾披薩，讓觀光客既能在荒野裡填飽肚子，也能親眼目睹柏柏爾披薩的製作過程。

我們事先和他預約披薩、水果與沙拉，老闆現場烘烤並煮茶，簡單的一餐裡，滿滿的用心。一路吃慣摩洛哥大餐的星球團理解沙漠的狀況，不曾責怪柏柏爾披薩不如飯店餐點豪華，相當享受大樹下的陰涼。由於食物相當充足，星球客人常常吃不完，我便提議將披薩帶去給即將拜訪的遊牧人家，大家往往欣然同意，甚至細心保留完整的披薩。

帶星球團走訪一戶最窮困的柏柏爾人家時，我往往一開口眼淚就快掉下來。該戶人家的男主人H先生父母雙亡，家境貧困卻娶了三個老婆，幾乎每年有新生兒誕生，小孩少說十來個，個個灰頭土臉，衣衫襤褸，天真可愛地在一望無際的荒野玩成一塊兒，讓人既無奈又心疼。

眼見他們的屋舍活似資源回收場，孩子又多，星球團急忙要太太們不用浪費茶、糖和瓦斯，還把自己包包裡的糖果餅乾都掏出來給孩子。好幾個人都說如果事先知道遊牧民族的生活如此困窘，可以多帶些物資來幫忙。

雖說星球團畢竟是旅行團，不是慈善救濟團，也不是每個人都願意付費旅遊還得幫助弱勢，但許多客人回台灣後往往掛心著曾經造訪的遊牧人家，甚至會寄物資到星球辦公室，委託下一團領隊帶來沙漠。

慢慢地，星球團離去後，我和貝桑便開始執行重要任務：整理物資，一一分送給需要的人。偶爾有人留下贊助款項，我們通常會購買茶、糖、油與一些民生用品，分裝後再送去一戶戶貧困人家。

能力雖有限，我們仍然想盡力做些事，因為這同樣是我能繼續在沙漠堅持下去的主要動力。

沙漠夏季極度酷熱，我總選在夏天回台灣探親、避暑，星球也會特地為我安排撒哈拉講座，與更多有意前來摩洛哥旅遊的人分享撒哈拉的真實狀況，介紹「天堂島嶼」獨一無二的深度導覽。

二〇一九年初夏某場星球講座後，一位年初曾經造訪撒哈拉的客人特地前來，拿了一筆善款請我轉交給極為貧窮的H家族。沙漠整體極為艱困的生存條件讓他相當難過，見著H太太大腹便便，即將臨盆，想給即將出生的孩子一點祝福。

六月，回到梅如卡，我趕緊要貝桑帶我深入沙漠，將善款交到H太太手裡。那時孩子已經出生，H太太問貝桑有沒有眼睛的藥？這不到兩個月大的初生兒眼睛有些狀況。

H太太邀我們進屋看孩子，我走進小土屋一看，夏季高溫酷熱，瘦弱的小嬰兒身上僅裹著薄布，躺在薄墊上，墊子底下即是堅硬的泥土地。見孩子雙眼浮腫，我直覺不妙，拍了照，藉由臉書請在台灣的醫生朋友「隔空看診」。

很快地，一位眼科醫生迅速回覆，最常見的新生兒眼炎就是砂眼、淋病性眼炎或結膜炎，常經由產道傳染，沙漠衛生條件不佳，媽媽的婦科或許也有些狀況。她幫孩子開了些抗生素和類固醇複方，提醒這藥不能長期使用，將來可能青光眼，同時還要注意其他孩子的清潔，避免感染。

管。

我一聽只覺事態嚴重，初生兒若得不到適恰醫療，恐有失明危險，絕對不能坐視不管。

在台灣隨手可得的醫療物品，到了沙漠就成了遙不可及的珍稀資源。那時梅如卡連一家藥局都沒有，我藉口氣喘，要貝桑載我到小城里薩尼買擴張劑，趁機購買眼睛藥物，並在藥劑師建議下買了生理食鹽水、棉花和眼藥水。

好不容易進城買好了藥，還得搭吉普車穿越沙漠，才能把藥送進地處偏遠的帳篷內。

遊牧民族對醫療保健的概念相當模糊，貝桑很難想像事情的嚴重性，對他來說只是小孩眼睛不舒服，過幾天就好，更何況還是遠在天邊的別人家小孩，無須操心。貝桑雖然心地善良，但「順水推舟」可以，不太可能「專程特地」做什麼，除非對方是家族或親族且有其急迫性。遊牧民族相對「隨順」，以相對輕盈的態度看待生老病死。

我前思後想，想著以貝桑性格和當地傳統，如何才能成功說動他帶我去送藥。

隔天早上，待貝桑起床，我帶著笑容說：「欸，我剛剛幫你找到一份工作，不太累，很有意義，而且工資很不錯哦！」貝桑好奇詢問，我說我把新生兒照片給台灣眼科醫生朋友看了，她說這病很常見，但一定要治療，否則會愈來愈嚴重，還會傳染給其他小孩。「昨天我已經在藥房順道買了眼藥，但是沒辦法送過去，你又忙著工作、養家，我找不到人載我去。眼科醫生朋友便說，看你一天工資多少，她願意支付，請你載我去送藥。」

說完，我秀出臉書裡某位任職於大醫院的女醫師臉友身穿白袍的照片，以及她抱著新生兒的全家福，說：「就是她啦！她自己剛有小孩，不忍心看到幼兒生病卻沒有藥物可醫，她說她可以理解媽媽焦急的心情，想幫忙。」

見貝桑沒回話，我說：「那小孩真的太小了，不足兩個月，現在醫還來得及，再拖下去肯定影響視力，你總不希望他以後什麼都看不到吧？這件事，我們就當為阿拉做的。」貝桑這才點頭。

我準備了十二瓶大罐牛奶、一整盒三十顆雞蛋、七大瓶冰涼乾淨的自來水，順道將星球團帶來的嬰兒衣物、全新毛巾與兩雙女鞋也送去。雞蛋和牛奶是特地買給媽媽的，她吃飽了，才有豐沛營養的母乳可以餵新生兒，新生兒吃飽喝足了，眼疾就好得快。由於遊牧民族只有井水可用，我想多帶幾瓶乾淨冰涼的自來水，讓新生兒可以飲用、擦澡。

高溫逼近四十五度的烈日下，我們開著吉普車穿越沙漠曠野。我拿出藥物教媽媽怎麼用，又拿出嶄新毛巾圍在新生兒胸口，示範如何使用生理食鹽水與眼藥水，一再提醒，棉花擦拭完眼睛一定要丟掉，千萬不能重複使用。

我還告訴她，初生兒用的布料衣物不能和其他小孩混用，否則眼疾容易傳染出去。說完，低頭一看，發現新生兒身上只用薄布包裹，不確定是因為天氣太熱，還是窮到沒衣服可以給孩子穿。

當媽媽知道雞蛋和牛奶是特地帶來給她補身體的，感動地笑了。我深知雨露均霑、見者有份是悠遠的遊牧傳統，等我們離去，雞蛋和牛奶就會被所有人「共享」，所以才一次帶這麼多，確保媽媽多少可以吃到一些。

沙漠生活處處難，光是把這麼一點點藥物送到新生兒與母親手裡，就花了我們不少金錢、時間與心力，這世間充滿苦難與無奈，很多時候，我們的確做不了什麼。可一旦絕大多數人都如此想，無任何作為，這世界便更不可能有任何改變，我總相信每個人在自己的位置，以自己的能力，總可以為世界、為他人做一點點美好的什麼。即使只有那麼一點點，都讓改變有了可能。

得了眼疾的新生兒選擇在一個很不容易的地方出生，但我相信，所有靈魂莫不帶著神的祝福與愛誕生。這孩子絕對是受到祝福的，若不是那位星球客人交託給我一筆善款，我不會為了要親手將善款交給媽媽而走進小土屋，看到躺在地上、得了眼疾的寶寶，也不會因而想方設法，盡快把藥物送到媽媽手裡。如此一想，那位星球客人給這孩子的祝福不只是善款，更是極為強大的善的意念。

及時雨，娘家

星球旅行社是我生命中的貴人，是落在沙漠的「及時雨」，也是我在撒哈拉的「娘家」，總在我一個人撐得很辛苦的時候，翩然降臨。

好比購物其實完全不在星球團的行程內，但他們體諒沙漠謀生不易，我又一個人在這裡，想讓我和家族的關係更友善緊密，便破例讓三哥來賣頭巾。

平時三哥想成功賣出一條頭巾往往得和客人纏鬥許久，觀光客總要求試戴，試了又未必買，三哥卻得去取貨、服務顧客，之後還要整理，就為了賺一條頭巾的微薄利潤。

我曾親眼目睹一個參加拉力賽的法國年輕人無意間走入三哥店鋪，看什麼都不滿意，稍微看得上眼的就開始殺價，殺到見骨！最後想買一條最便宜的頭巾，已殺到成本價，仍不斷挑剔東西有多糟。那時是觀光淡季，三哥認為成本售出都沒關係，好歹換個現金，勉為其難接受了，法國年輕人竟然掏出一瓶可樂，說：「我買這瓶可樂花了五塊錢，這瓶給你，頭巾再扣五塊錢。」

我簡直不敢相信自己的眼睛。這個法國年輕人在自己國家會這樣逼迫店家嗎？如果不會，為什麼千里迢迢來到他人故鄉，淨做些不會在自己國家做的事？就因為這裡是靠觀光客吃飯的窮鄉僻壤嗎？

三哥面有難色地垂下眼睛，說他不需要喝可樂，但是家裡需要錢買麵包，更何況以這售價，真的是一點賺頭都沒有。法國年輕人戲謔地大笑，瀟灑轉身，兩手空空離去。三哥沒說話，默默把法國年輕人試了一條又一條的頭巾收拾妥當，在門口坐下，繼續靜靜等待不知何時才會上門的下一位顧客。

為了不顯得太商業，星球團抵達前，三哥事先就把頭巾和傳統長袍放在沙龍的長椅上，好讓客人自由挑選。而一聽是貝桑親哥哥，星球團二話不說紛紛試起頭巾，快樂地掏出錢包，說要以最實際的行動支持在沙漠奮鬥的台灣人。「我們跟三哥買，家族就會開心，就會對妳比較客氣。我們很心疼妳一個人在這麼辛苦的地方奮鬥，能為妳做的只有這樣了。」

倒是貝爸看著星球團在沙龍歡樂地挑貨，像個失望的孩子不無委屈地問我，為什麼只讓三哥賣頭巾，卻沒有推銷他的撒哈拉原生植物茶？

我開玩笑地說：「欸，如果讓你來我們民宿做生意，那我可以抽幾成？」

他老人家一臉無法置信，哼了兩聲，說：「啊，我遇到台灣來的土匪了！」隨即轉身離去，瀟灑中，不失傲嬌。

一如二〇一六年夏季黃建忠老師帶團來摩洛哥，一見到我眼眶就溼了，心疼地說「怎麼會有人想來這種地方住？」，星球客人同樣無法理解我竟然一個人從台灣跑到這麼遠的地方，無法想像我如何在條件如此艱困的環境生活，因著一份疼惜，不時從台灣帶些食物或物資來。

某年冬季，一位女客離去前，說她事前不知道我在這裡這麼辛苦，啥都沒帶，想把她多帶的一件羽絨長外套和三件喀什米爾毛衣給我，那外套幾乎全新，希望我不介意她穿過。

我有些不好意思地收下，待她離去，我手一摸，便知那是上等質料的外套，翻開牌子一看，竟然是 Black & White Collection！一件少說上萬塊，我這輩子還真沒穿過這麼貴的。

家族女人見了，讚嘆不已，眼裡滿滿的羡慕，問我還有沒有這樣的外套可以給她們？當下，我多少受到衝擊，在這麼貧困的地方，即使她們從沒穿過、摸過羽絨衣，都感覺得出來那是很好的東西，羨慕甚至忌妒，進而開口索討。

那件外套穿在我身上略為寬鬆，又是米白色，在沙漠一下子就髒掉了，可我捨不得送人，至今好好收藏在衣櫥底，打算當傳家寶。

除了來自客人的餽贈，每回星球團都會幫我從台灣帶物資，或是我的朋友會託領隊帶書籍與食品，或是前一團客人想送給沙漠小孩的衣物玩具，時常讓領隊的行李箱塞滿了要帶給我的東西，甚至還得額外打包裝箱。

食物是最迅速直接的療癒。隨著星球團抵達沙漠的「家鄉味」，總能將些許熟悉與溫暖安置在貧瘠單調的沙漠生活裡，用醬油與滷包偶爾煮上一鍋滷肉滷蛋，便是好幾天食糧。一回，林婉美總監特地帶了好幾包金門麵線來，我努力省著吃，總在工作後累到無法煮飯時，簡單煮碗麵線，拌點台灣來的香油、醬油和辣椒醬，便覺自己在沙漠吃的是台式大飯店。

以前梅如卡連摩洛哥常見的印尼泡麵都買不到，一忙起來，根本沒時間煮飯，幸好每一團星球團都幫我帶泡麵，讓我在寂寥的沙漠夜晚，累極睏極時，還能有一碗熱騰騰的湯麵。

有一年，一位馬來西亞客人特地帶了白咖啡給我，說是家鄉特產，不知怎地，我對那香味近乎著了魔般地迷戀，很珍惜地喝著，一小包分成兩三天喝，一小口一小口地啜著，深怕一不小心就歡樂地乾杯了。幸好還能委託星球團幫忙補貨。好一段時間，早上醒來，燒壺熱水，泡個半小包星球團從台灣幫我帶來的馬來西亞白咖啡，剎時，濃濃甜甜的香氣裡，沙漠不再摩洛哥，故鄉彷彿近在咫尺，卻又同時感受著某種說不上來的全球性流動。

剛回沙漠我便收養了一隻因人類陷阱而被截肢的耳廓狐麥麥，為了讓野生小狐狸能擁有一個更接近原生地的生活環境，我特地請人以土磚、木條和蘆葦在民宿角落搭建了一座麥狐窩，裡頭鋪滿沙丘上的細沙，不綁不關，讓麥麥能享有一丁點兒「自由」。

無奈，當時約莫五歲的貝桑大哥么兒阿迪不時溜進民宿拿石頭砸麥麥，就當好玩遊戲，我屢勸不聽，其他小孩見狀，也跟著學他拿石頭砸麥麥，讓我不堪其擾。

二〇一七年初春，阿迪七歲了，拿來砸麥麥的石頭磚塊愈來愈大愈多，我要貝桑和大嫂談，請她阻止兒子的不當行為，貝桑卻對大哥極為敬畏，不願為了一隻狐狸打擾大嫂的清幽生活。

有天，我去餵麥麥，發現麥狐窩裡躺了至少三十塊以上的石頭磚塊，每一塊都比拳頭大，麥麥躲在牆角，無辜地看著我。當下怒火攻心的我立刻拍照存證，拿給貝桑看，嚴正地請他和阿迪或大嫂好好談談，貝桑雖然點頭，但我知道，在這長兄如父的傳統家族，他什麼都不會說。

麥麥是我的愛，我哪可能善罷甘休。

隔天一早，我親自去敲大嫂的門，她還在睡覺，我硬是敲門敲到讓她起床。我把手機裡的照片給大嫂看，請她好好管教兒子，不要再做出傷害麥麥的行為。

大嫂看似柔弱溫暖，可完全不是好擺布的角色，故作無辜地說，阿迪這孩子就是調皮，講不聽，也才七歲，她說不動他，無能為力。

我按捺心中憤怒，知道家族裡不會有任何一個人為我或麥麥做任何事情，因為狐狸是禽獸，我是異族，阿迪卻是大哥血脈，是家族金孫，在這血濃於水的傳統家族，孰輕孰重，清楚分明。

我決定自己和阿迪好好談談。

下午，我聽見民宿側門有小孩嬉鬧的聲音，把門打開一看，哈，阿迪竟然剛好站在門口！我想都沒想，一把把他抓進民宿，啪一聲關起側門，罔顧大嫂在門外焦急喊著。

我彎下腰，抓著阿迪手臂，直直看著他的眼睛，面無表情地說：「麥麥是我的狐狸，你再敢拿石頭砸他，我絕對要你好看！這話，我只說一次，你可得記住了。」

阿迪也不管我說啥，放聲大哭，這時大嫂拿到了鑰匙，開門進來，一把將阿迪攬入懷裡，阿迪委屈地哭著誣賴我打他，大嫂護子心切，怒不可遏地痛罵我，連大嫂長女都跳出來罵我這個嬸嬸心胸狹小，竟然為了一隻禽獸和小孩子計較。

大嫂像瘋婆子一樣，一手緊緊抱著啜泣中的阿迪，一手朝我揮舞，要我滾出家門，滾回台灣！貝媽聞聲跑來，勸我不要和阿迪計較，還說阿迪是個好小孩，是我誤會了，貝桑姊姊也衝過來護著阿迪，沆瀣一氣，罵我沒度量，嚇到他們的心肝寶貝。

我如如不動，說我沒興趣待在這種地方，我只要我的狐狸。

一旁，貝桑不發一語，完全不敢忤逆家族與他全部的至親，更何況阿迪從小和他感情最好，個性外型最像大哥。我明快地要貝桑幫我抓麥麥，我帶麥麥走人就是。

揹著麥麥，我昂然走出民宿大門，望著遼闊沙漠，不知道自己這一人一狐究竟要上哪兒去？把麥麥送到野生動物收容所？還是帶麥麥回台灣？

更讓我掛心的是，星球團即將在幾天後抵達沙漠，而我竟在這時被大嫂趕出家門，屆時導覽不就開天窗？事情會不會演變成消費糾紛還鬧上台灣新聞版面？怎麼對得起給予我無比信任的星球？

貝桑堂哥在村裡開了一家小鋪子，他是我在梅如卡第一個認識的人，也是我最信任的人，便揹著麥麥上他那兒坐坐，打算傍晚搭車前往非斯，再到拉巴特找我之前人權組織上司慕禾想辦法。

貝桑堂哥微笑聽我描述事發經過，語氣平淡地邀我進城到他家住一宿，有事明天再說。等我們到了他家，他爸媽熱情地在門口迎接，堂哥妻子還特地烹調庫斯米款待我這嬌客。晚上，堂哥的兒子興沖沖地跑去雜貨鋪討來紙箱，鋪上乾淨舊布，為麥麥布置一個臨時棲身處。我感動得無法言語。

隔天，在貝桑堂哥勸說下，我帶著麥麥返回民宿。據說我不在時家族開了會，二嫂、三嫂和三哥認為大嫂不應該把我趕出去，而是該好好教育她的寶貝兒子。

那時星球團已經抵達摩洛哥，明知領隊洪丞會看我的臉書，我依然把被大嫂趕出家門的過程寫了出來，不願隱瞞。

不一會兒，我收到洪丞訊息，就只一句：「妳還好嗎？麥麥好嗎？有什麼是我們能幫得上忙的，儘管說，放心，妳的娘家大軍來了！」

被大嫂言語羞辱時，我抬起下巴，冷冷地瞪著她。

被大嫂趕出家門時，我抬頭挺胸，揹起麥麥，頭也不回地走出大門。

洪丞這句話卻讓我眼淚馬上掉了下來，這份情義，我永銘內心。

約莫一個月後，在外經商的大哥突然提早返家，身體不適，吃遍小城診所的藥，怎樣都治不好，我將大哥症狀告知在台灣的醫生友人，他們判斷應有其他更嚴重的健康問題，建議去大醫院檢查。

在我堅持並實質支持下，三哥帶大哥進城就醫，才知他罹患急性腎衰竭，需要洗腎。家族一片愁雲慘霧，但其實無法理解「腎衰竭」是什麼病，以為大哥很快就會好起來。

幾天後，就在星球團即將前來的當天下午，家族老宅突然傳來女人們的尖叫與哭聲，許久許久。

不一會兒，貝桑哭著衝進家門，說大哥病倒了！快死了！

我跟著貝桑走進大哥豪宅，只見大哥躺在院子裡休息，身體虛弱，無法起身，大姊正拿著切了一半的洋蔥，用力擦著他的肩頸背，想用土法讓他舒服些，甚至將洋蔥放在大哥鼻子前面，刺激他回神，無奈大哥依然癱軟在地，甚至有些意識昏迷。

所有人都慌了，圍著大哥哭成一團，女人們撕心裂肺地哭喊，彷彿大哥已經往生。

我嘆了口氣，說：「大哥需要送到醫院洗腎，趕快叫救護車吧！台灣醫生朋友說大哥需要換人工血管，哭號無濟於事，今晚星球團就到了，大夥兒趕快振作起來，認真工作，好好賺錢讓大哥治病。」

這番話終於讓所有人從焦慮悲痛中甦醒，讓「家族團隊快樂工作」取代哭泣哀嚎，有驚無險地讓行程裡的每個細節不出差錯地完成。

林婉美總監知道大哥病倒後，離去前拿了筆錢要贊助大哥的醫療費，我轉交給貝媽，老人家淡淡說了句謝謝，眼眶紅了。

隔年春天，同樣是星球團，整個導覽行程非常順利地走到一半，客人正吃著柏柏爾披薩，即將前往遊牧人家拜訪時，貝桑接到一通電話，哀傷地跟我說：「大哥走了，我要趕回去。」

我愣住，好一會兒才說：「但是我們工作還沒有結束。」

貝桑焦急地非走不可，我們只好和星球團告假，同時委託一位長期合作的司機將後續行程如實帶完。領隊完全體諒這突如其來的狀況，要貝桑趕快回家，我原本想留下來把工作完成，反而是星球客人提醒我：「這時節，妳該回去吧？放心，沒事的。」

沙漠生活有著種種難處，不足為外人道，有時即使費力解釋了，也難以讓聽者明白。家族狀況百出，我在沙漠舉目無親，時常擔心自己把星球交付的工作搞砸。

當意外發生，無論是我被大嫂趕出家門，揹著麥麥在沙漠流浪，或是大哥突然病倒，家族亂成一團，在這樣艱難時刻，星球的理解、體諒與支持，成了我的定心丸與最強大的後盾，讓我可以化險為夷，安然度過一個又一個難關。

若說大嫂之所以可以把我趕出家門，不正因為她欺負我隻身在沙漠，沒有「娘家」，缺乏社會性支援？

幸有星球，我不孤單。

剛回沙漠前幾年，我不時與保守傳統的貝都因家族進入血腥慘烈的對峙狀態，甚至毫不遮掩地寫在臉書上。那時，連我自己都想：「哇，我要是星球旅行社，絕對不敢和蔡適任合作，看起來都快陣亡了她！」但星球對我從來只有一句：「適任我挺妳！」這份真實的支持、關心與不離不棄，成為我在撒哈拉最堅強的後盾，是帶著台灣鄉親前來撒哈拉找我的「娘家」。每回星球團出現，都是一場「久旱逢甘霖」！

另一方面，星球團讓我真切感受到了專業團隊的力量，讓我不用一個人拖著夢想與我不同且能力未臻成熟的一群人往我渴望的方向走。星球旅行社彌補了我能力不足之處，毫無障礙地讓客人走入遊牧人家的帳篷，讓獨立工作者都有一口飯吃，慢慢地也讓我對於所謂的「商業性質」不再那樣抗拒，發現藉由與旅行社的合作，甚至可以讓當初的夢想更容易實現，包括與弱勢族群及小規模獨立業者分享觀光客帶來的資源。

我和貝桑規劃的撒哈拉行程是獨家的，貝桑是撒哈拉土生土長的遊牧民族，他能跑的路線絕對有外面旅行社無法企及的廣度，而我能給的講解內容也有其他導遊難以取代的深度，或許別家旅行社可以從「天堂島嶼」的行程「汲取靈感」，做出看來類似的產品，但只有我們知道那些點在哪裡、是否真的深入沙漠，更何況每場講解都是我親自出馬，行程可以抄襲，但蔡適任獨一無二，無法被複製。

當然，再好的旅遊規劃都需要客源與市場，而我們很幸運地在一開始就遇到星球旅行社，慧眼識英雄且大膽與我們合作，讓我很快就有絕佳舞台可以和旅客分享我所知的撒哈拉，並在一次次合作中，慢慢學習、累積經驗。

老實說，我不是一個很在旅遊業的人，更多時候都是藉由星球團的運作與回饋，慢慢換位思考，去感受、去理解旅客的需求與狀態，再調整自己的工作與態度，做出更好的服務。

更重要的是，「天堂島嶼」走的是一條前人尚未走過的路，是前所未有的嘗試，是深度旅遊市場在撒哈拉的新產品，如果不是星球團一次次把全世界最好的客人帶來我們跟前，一路相挺，不離不棄，給我們支持與肯定，「天堂島嶼」未必能夠在競爭白熱化的旅遊市場裡倖存下來。

撒哈拉的生存條件本就艱困，慈悲與殘酷並置，雖然美得不容忽視，觀光產業卻競爭激烈且體質不佳，「天堂島嶼」這個「半台灣品牌」在沙漠默默存在著，就像台灣島嶼一樣，小而靜好，時局再怎麼動盪，群強環伺，總有足夠彈性、生命力與靈活應變能力，勇敢向前地走出一條屬於自己的路。

↑隔開民宿沙龍與廚房的大窗

←用陶鍋與炭火烹調塔吉

沙丘群後方今日尚住著幾戶遊牧人家，貧困弱勢卻又生養眾多，藉由導覽，我們試著讓觀光客的到來成為回饋當地弱勢的資源，或帶客人上那兒喝茶、吃披薩，聆聽沙漠真實故事，或將客人捐贈的物資送到他們手上

民宿沙龍

民宿院子與沙龍

大疫來襲

二〇二〇年初春，沙漠觀光業可說達到顛峰，越野型沙灘車愈來愈受歡迎，投資者眾，數量急劇增長，租金高且供不應求，沙漠原有靜謐在隆隆車聲中碎裂，整座沙漠瞬間化作吵雜鬧市。那年，我氣喘極為嚴重，各種過敏症狀輪番發作，打開房門，才知沙灘車在民宿門口川流不息奔馳而過，揚起漫天粉塵不說，更將沙漠乾燥土壤輾壓得更硬實，讓植物更難生長。

荒謬的是，將遊客瞬間趕離沙漠的，竟是一場瘟疫！

二〇二〇年初，中國剛傳出疫情，摩洛哥未有警覺心，旅遊業者仍歡天喜地迎接中國遊客，我則親眼目睹他們四處蒐購口罩，連沙漠小城的藥局都不放過。

隨著疫情在全球擴大，風向迅速變了，亞裔臉孔被貼上病毒標籤，假新聞滿天飛。亞洲臉孔讓我成了眾人眼中的「病毒權威」，就連上警察局辦事，警長都把我叫到一旁，把我當專家一樣地「諮詢」。

人對「異己」向來不以寬容著稱，COVID-19 日日成為新聞頭條，讓眾人隱藏內底許久的歧視悄然浮現，也激化了人對死亡的恐懼，藉由歧視、猜忌、切割、打壓、獵巫，換取一丁點兒安全感甚至是優越感，利索地將所有亞洲人都放入同個籃子，欲除之而後快。於是，亞裔臉孔迅速被汙名化，毫不遮掩的歧視羞辱取代了原先的「歡迎光臨」。呵，就在疫情前，一個個亞裔臉孔代表的可都是荷包滿滿、出手大方的觀光客呢！

三月，摩洛哥出現第一起確診病例，政府迅速鎖國，取消國內所有大型活動與運動賽事，下令封閉餐館、咖啡廳、澡堂、劇院、電影院甚至是清真寺，就連銀行、法院及公家機關都縮短辦公時間，甚至全面封城，瘟疫的威脅這才正式浮上檯面。

封城鎖國後，經濟活動全面戛然而止。國際觀光客不來，時間流速減緩，大飯店全數歇業，塵煙漫漫，更顯荒蕪。一座座營業用的黑帳篷與白帳篷空無一人，僅留一兩個員工看守營區，一輛輛馬力與噪音十足的沙灘車停在車棚裡，將寂靜還給天地。

觀光客沒了，多數員工回家吃老本。

三哥關了店門，浪蕩在外的五哥回來避難，四哥和他的雇員則依然在帳篷營區守著，畢竟那是他的事業與全部驕傲。貝桑有個姪子，堪稱服務業最佳人選，一個人負責養全家將近九口人，就靠他在馬拉喀什旅行社當司機的微薄工資與小費，此時也回村子了，我無法想像他們一大家子要怎麼過活。

疫情下的沙漠生活倒還寧靜祥和，也不知是沙漠中人危機意識不夠，又或是財力不足，既無囤貨跡象，更無搶購潮。總以為危機一下子就會過去。

沙漠像是整體網絡末梢，社會上的動靜或影響總是來得比較慢，政策上的協助或補助也難流過來。

曾有一說，沙漠溫度高，地廣人稀，疫情較不容易蔓延。

事實上，沙漠暗藏不同的危機。

偏鄉資訊與教育品質不佳，居民醫療與防疫知識不足，醫療資源極度匱乏，沙漠中人的呼吸系統多半不好，菸抽得又重，疫情當前仍無戴口罩的習慣，一旦染病，後果堪憂，偏偏每戶人家全住著一大家子，毫無居家隔離的條件。

此外，沙漠經濟重度仰賴觀光業，即便摩洛哥媒體夜以繼日播報 COVID-19 新聞，舉國人心惶惶，由於對疫情的危險性懵懵懂懂，沙漠人更擔憂沒錢養家，只希望趁還有一點點觀光客時盡量多賺些，全部都撐到鎖國了，沒人有工作了，這才休息。

回歸寂靜

沒了觀光客的沙漠，回歸無盡靜謐，我竟無法自制地感到喜悅安心！

這才是我第一次踏進沙漠，因而震懾感動的撒哈拉。瑰麗壯闊，溫柔細膩，大自然的恩賜給予天地間所有生靈，不為人類獨享。

我與貝桑前往老樹那兒，貝桑從井裡打水給樹苗喝，我靜靜坐在沙丘上，再無車聲人語，我聽見了萬物生長的低吟。

或許是聽見人聲，聞到水的味道，一頭頭駱駝湊了過來，想喝水，也不知這些駱駝的主人是誰？貝桑將水一桶又一桶抬到沙丘上，讓駱駝喝水。

是啊，這就是遊牧民族習性，見著駱駝需要喝水，就是分享，也不管那駱駝是誰的，就是照顧。

不一會兒，一個包著頭巾，瘦瘦高高的男子出現，原來是駱駝主人。他說平時就靠駱駝載客養活一家老小，一旦觀光客不來，全家毫無收入，可駱駝每天依然得吃飯呀！為了節省開銷，他親自帶駱駝到沙丘後方吃草，雖不知何時才會出現下一個客人，這群駱駝，他依然得繼續養著。

回程，我們經過住在沙漠深處的遊牧人家帳篷，貝桑說沒了觀光客，他們的生活格外辛苦。男丁到飯店或帳篷打零工的機會全沒了，路上不見人影也就完全不可能兜售觀光紀念品，女性更無法在帳篷裡為觀光客供茶，連最後一丁點兒支援都沒有了。

我問：「他們知道 COVID-19 嗎？知道接下來很可能連一個觀光客都遇不到嗎？」

貝桑點頭。

關於生計，貝桑同樣一籌莫展，家族可是日日好幾張嘴等吃飯，本想開玩笑要他進城打工，赫然想起各大城市早已封鎖，先前在那兒打工的村人全都回來了呢。

我問貝桑，是否發現沙漠變安靜了？

他有感而發地說：「安靜很好，讓沙漠裡的動物可以靜靜地，可以休息，很好。」又說，這時剛好來了一場沙塵暴，把所有汙穢與病毒全都吹散了，觀光客暫時止步，也好，讓沙漠休息。

「自然生態」與「人類生存」之間的兩難與平衡，是身處撒哈拉觀光產業的我時時思考的議題。沙漠經濟確實只能仰賴觀光，但沙漠生態格外脆弱，過度開發與近乎殘暴的旅遊方式極可能讓沙漠生物緩緩隕滅，悄然無息間，從不知何時將跨過那一條隱形的線，對人與土地造成難以復原的傷害。

就在觀光業看似前景無限燦爛的時刻，COVID-19讓所有活動瞬間停頓，撒哈拉重回無人寧靜，也讓整個生態體系得以休養生息，忽地一場大雨，更將湖泊帶回了沙漠。沒了隆隆作響的越野車與沙灘車，湖畔清幽祥和，僅幾個摩洛哥外地人在湖畔走動，湖面波光蕩漾，零星幾隻野鴨，或許過一陣子，連火鶴都會回來。

貝桑說：「可惜觀光客看不到這片美景。」

我笑了笑，說：「之前觀光客太多了，我總擔心過度經濟開發會對沙漠生態造成難以恢復的傷害，疫情讓觀光客整個消失，將沙漠還給悄寂無聲及野生動物，沙漠生態才有機會休息呀。」

當人類經濟活動毫無節制地掠奪地球資源，無止境地製造垃圾，影響全球氣候，乾旱及洪水輪番出現，各地溫度不斷創新高，極端氣候頻仍，人人都說，地球快毀滅了。

事實上，地球不會毀滅，但人類會。地球不需要人類，是人類需要地球。

雖不知疫情何時緩和，人在撒哈拉，反有一種坦然與安心。

撒哈拉有股巨大能量，讓人自然而然與當下的寂靜共處，不耽溺過去，亦不憂慮未來。無論疫情在紛擾世界掀起多大波瀾，無論人類生存如何飽受威脅，時間依然靜靜流動著，滑過沙丘。

生命是一場流動，特定個體的消亡之於其親屬，自是哀傷欲絕，之於生命整體，卻是無所得亦無所失。

鳥囀天光

沙漠地廣人稀，深幽靜寂中，總有「瘟疫離我們很遠」的錯覺。然而，沙漠經濟過度仰賴國際觀光業，疫情前中國遊客人數持續攀升，隨著疫情在中國吃緊，中國遊客幾乎消失，歐洲各國遊客依然絡繹不絕，摩洛哥境內首起確診案例就是義大利人。而一如預料，梅如卡首位確診病患正是觀光從業人員。

貝桑問我，如果觀光客都不回來，我們村子是不是就「死了」？

我沒有答案，只覺時局極度艱難，遊牧民族因乾旱而定居，在觀光業找到一線生機，卻又遭逢疫情打擊，一籌莫展。

疫情衝擊下，摩洛哥貧窮人口增加，貧富差異加劇。沙漠旅遊業者更可說受盡折磨，全面封城鎖國期間，全村失業，待防疫限制稍稍放寬，些許觀光客逐漸回流，看似露出希望曙光，忽地疫情攀升，政府無預警再度封鎖邊界，僅給一兩天讓境內觀光客離去。相同劇碼反覆上演數回，重重打擊觀光業與消費者的旅遊信心。

到了齋戒月，那更是極度寧靜，所有流動降至最低，往昔的夜間祈禱全面取消，居民亦無法在開齋後相互拜訪，沙塵暴不時襲來，路上幾乎不見人的往來，營業商家極少，眾人疲憊沮喪。

四哥倒是很少回家，他的員工回家過齋戒月，留他日夜苦守帳篷營區，和幾個因疫情而失業的朋友一塊兒窩在營區，彼此有個照應。

我問齋戒月每天飯菜錢誰出。

貝桑說：「就每個人每天出一點兒。」

我想起他不時跟我「借一點兒」，這下全明白他的錢跑去了哪裡。換成是我，也會做一樣的事。

面對讓所有流動近乎停滯的疫情，沙漠人靜默等待，瘟疫的可怕更在於讓沒染病的人，慢慢沒了生機，走入絕望。絕望是靈魂的鹽酸，人一旦被拿走希望，宛若關掉了燈，浸泡在靈魂的鹽酸裡，無語。

我試著站在遊牧民族的位置思考未來，的確，一籌莫展，無計可施，環境太惡劣了，無關努力與否，更不用說資源不足讓他們難以接受某些訓練與教育，傳統、文化與宗教等整體環境養成也讓他們不像台灣人「愛拚才會贏」。

另一方面，兩年疫情期間的沙漠僅周末偶有摩洛哥本地遊客前來，多半入住那幾間豪華大飯店，豪華白帳篷偶有客人，騎駱駝比例則有下降趨勢，駱駝伕失業，駱駝成群在荒野漫步、吃草，吉普車司機閒置在家，取而代之的是對沙漠環境與脆弱生態衝擊更大且收費高昂的沙灘車，堪稱一枝獨秀，生意興隆，我不禁憂心疫後觀光業發展是否將對環境更不友善？

給斷枝長成樹的機會

雖然一直知道自己選擇了一個沒那麼富裕的地方，走上一條相對艱難的路，但兩年疫情下來，愈發讓我感受到自己生活在何等澆薄貧瘠的環境內，活在多麼低端的條件裡，更清楚感知了某種形式的「貧富差距」。

當國際旅遊因疫情而被迫全然暫停，有人思念過去旅遊的自由，有人構想疫後旅遊計畫，有人困在異地回不了家，我身邊則是完全不知如何養家活口的人們。原來在地球上，面對瘟疫威脅，能夠思念甚至規劃下一趟旅行，竟是極大的富裕！

大疫中，沙塵暴同樣又猛又狂，粉塵不斷吹進屋內，讓人好生苦惱，最悲傷的是二〇二〇年種的一棵長得最好的尤加利樹被狂風吹斷了主幹，讓我特別心疼。

我把被吹斷的樹幹撿起來，上網查尤加利樹的插枝方法，稍作修剪，整理成四份，種在民宿院子裡。若這些斷枝活了下來，長成了樹，院子裡就多四棵尤加利樹，至於剪下的完整細枝與樹葉，插在裝水的果醬罐裡，放窗口，其餘零散樹葉放在樹根旁，就當肥料，連一片葉子都不浪費。

如果無法改變樹幹被沙塵暴吹斷的事實，那麼就給斷枝一個長成樹的機會吧！

面對疫情下的局勢，我不是不悲傷，而是選擇不給悲傷太多時間，知道自己悲傷，一點點悲傷，就夠了，寧願集中精力去做更能創造喜悅與力量的事。

尤其當我看到身邊的人坐困愁城，更覺得自己沒有資格悲傷太久，畢竟我擁有的資源和條件比他們多太多，我總得先站起來，走出一條活路，才能為身邊的人做更多事。

如果突如其來的沙塵暴吹斷了樹幹，我願意給斷枝長成樹的機會。

不是不悲傷，而是我願意這樣做，這樣想。

閉上眼，聆聽周遭聲音，入耳的唯有孩子們嬉戲的笑聲，擔憂、困頓與生存重擔僅在大人肩上。

願未來屬於孩子與笑聲。

水流動裡的富足

面對橫掃全球的 COVID-19 與瞬間急凍的旅遊業，「天堂島嶼」好不容易稍有起色的導覽明顯受影響，好在我們相對經濟壓力小，反而更有餘裕將時間與心思放在種樹上。

對貝桑來說，摩洛哥鎖國封城，有個井與樹苗可以忙，較不至於閒得發慌。

而當我打開水塔下的水龍頭，滴滴清泉滋潤大地，被清涼井水撫慰的，同樣是自己焦慮的心。

面對艱難時刻與不可知的未來，關注讓自己滿心喜悅的事，為己心所愛付出，隨著因愛而來的行動，被擴大的，自是喜悅與愛，心裡便也撐大了一個空間給寧靜，相對清明的意識與正向力量便不會缺席。

早在鑿井前，和遊牧民族分享水資源就是我心中大願。

有水的地方才有生命，但水資源的取得對深居沙漠的遊牧民族來說，並非易事。沙漠部分區域含藏地下水脈，只是當地人窮得拿不出錢鑿井，水成了有能力者獨享的資源，所以才會看到觀光飯店經營者取用沙丘水資源，蓋游泳池牟利，農民與遊牧民族卻無水可用。

二〇一二年我與貝桑行經沙漠極為偏遠之處，當地土壤澆薄，人煙罕至，一望無際中竟矗立著一座混凝土砌成的水龍頭平台，一位遊牧民族老婦帶著水桶，前來汲水。

我好奇詢問：「為什麼會有這水龍頭？水打哪兒來？是自來水嗎？這是當地政府建造的嗎？」

當地人告訴我，五百公尺外有一間法國人投資的民宿，鑿了井，牽了兩條水管。一條水管將水導向民宿，另一條則將水引到遊牧民族散居的地方，將水資源與當地居民分享，從此以後，他們再不用牽著驢子、帶著水桶走上一段長路，就只為取得日常生活所需的水資源。

我低頭一看，水龍頭平台上寫著建造日期「2011」，原來當地居民取得相對方便的水資源，也不過是前一年的事情。

看著遊牧民族老婦坐在水泥台子上取水的樣子，我心裡一陣感動！那時便發願將來回沙漠蓋生態觀光民宿時，一定也要做些能夠為當地帶來更多和平公允，創造富足共享的機會。

直到二〇一九年，這願望才終於實現。

我們去老樹那兒照顧樹苗時，貝桑從地上足跡研判，不時有一位遊牧民族女性牽著驢子來我們井邊取水，也曾趕羊群來喝水。

不一會兒，果然看見一位年邁婦人趕著驢子來喝水、取水回家。

貝桑告訴她，我們已經用馬達將水抽到水塔上，她可以直接從水塔下的水龍頭接水，較不費事。她很客氣，依然用水桶從井裡打水。

老婦就住這一帶，養了幾頭羊，丈夫兒子原本都在飯店打零工，幫忙打掃、牽駱駝，COVID-19 一來，啥都沒了。

離去前，她問貝桑，能不能讓附近遊牧民族都來這裡取水？她發現我們的井水較為甘甜、清澈、無雜質，沒太多鹹味，水質比另一口井更好。

貝桑開心地笑著點頭。

待她牽著驢子往沙丘深處走，我拿了點現金，要貝桑拿給她。這時節對弱勢者來說，太艱困了。

一如世間所有資源，「水」是神的創造，囤積或獨占只是餵養內在匱乏與貪婪，永遠不可能「足」，分享與流動卻可滋潤整體生命網絡，才是真的「富」。

這樣的實踐與體悟，給予我很深的力量，支撐我走到現在，瘟疫來襲，更讓我感受到來自這塊土地的支撐、教誨與愛。

當我單純為了愛，為了樹，為了人與土地而付出，試著在不怎麼容易的環境裡，盡力做些我個人認為更有價值也更「善」的事，一旦所有人類活動因瘟疫而暫時止息，我在為愛而照顧土地的行動裡，感受到土地以愛回饋並擁抱著我。

我想起牽著驢子，踩著沙丘緩緩離去的老婦，滿是風霜的臉龐因有甘甜清泉而歡欣，想像將有遊牧民族快樂地來我們這兒汲取乾淨水源，心裡一陣歡喜！

有一天，等我走了，我不會記得銀行帳戶數字，但那份為土地所支撐，為愛所擁抱的感受將浮上心頭，而這樣的感受將帶我去更好更好，有光有愛的地方。

↗老婦取水的水泥台子上，「2011」清晰可辨

↖面帶笑容來取水的遊牧老婦

趕驢來老樹旁的井汲水的遊牧民族

沙漠裡的一口井

後語

從我們對抗大飯店而成功護住的老樹旁望去，夕陽餘暉中，連綿沙丘金光閃閃，那是我的麥的原鄉。

偶爾有人稱我為「現代三毛」，我總半認真半開玩笑地說：「我回來撒哈拉不是為了演三毛，而是來演小王子的，而且我連狐狸都有準備。」

我曾經照顧一隻因為小男孩陷阱而被截肢的耳廓狐，麥麥。

麥麥的全名是「蔡金麥」。

金麥，金色的麥浪，典故來自《小王子》，是小王子如金色麥浪的頭髮，是耳廓狐如金色麥浪的細柔皮毛，是小王子與狐狸之間的馴養故事。

狐狸要求小王子馴養牠時，說：「我的生活很單調。我獵取雞，獵人獵取我。所有的雞都是一樣的，所有的人也是一樣。於是我感到有些不耐煩。但是，假如你馴養我，我的生活將如充滿了陽光般。我將認識一種腳步聲，它將與其他所有的腳步聲不同。其他的腳步聲使我更深地躲進洞裡，你的腳步聲像音樂一樣把我從洞裡叫出來。再說，看吧，你看見那邊的麥田嗎？我並不吃麵包，麥子對我一樣也沒有用處。那些麥田並不會使我想起什麼。這倒有點傷心。但是你有金色的頭髮。於是當你馴養了我，這將是很好的一件事！那些金色的黃小麥，將使我想起你。而我將喜歡聽吹過麥田的風聲……」

短短兩年相伴後，終究，麥麥離開了我，回到牠的原鄉沙丘群，從此，沙丘對我又多了一層意義，因為我的小狐狸在那裡。我心裡有一座金色沙丘，是愛、寧靜與和平之所在，是生命網絡自由流動的地方。

麥離開了，留下回憶與愛，當撒哈拉生活讓人難以忍受，我遙望沙丘，想起了我的麥，愛的記憶便回來了，我便也有了安慰與力量。

每一次，回到老樹旁，撿拾觀光客遺留在沙丘上的垃圾，照顧樹苗，便因自己能夠對這塊土地做出一點點回饋而喜悅不已。總覺當我照顧好沙丘生態，便是照顧了麥麥，因為麥狐一族好好地活在沙丘生命網絡裡。

每一次，心裡有麥有愛地在撒哈拉做事，對麥就是一場祝福，而麥麥乘著愛與祝福的力量，只會去有光有愛，更好更好的地方。

走入沙丘，想著我的麥、麥狐一族與整體沙丘生態體系，在我規劃的撒哈拉行程中，便有著愛與對生命的尊重，因為我帶客人走入的沙丘，不僅只是觀光景點，而是沙漠特有生靈活躍之處，一個有光有愛的地方，而我的麥，已然回歸到光與愛之地，以狐如是的樣子，自由活出麥的光彩。

忽地，遠方沙丘開始轉變顏色，玫瑰與深紫並置，我知那是天空雲影落在沙丘上造成的幻化。視線往下一撇，曾幾何時，自己腳下的沙丘已轉為夾雜淡淡黑點的灰黃色。

我轉頭，朝夕陽的方向看去，發現天空厚重雲層逐漸遮住陽光，瞬間造成天地變色。

呵！一切色相無不是光與影的嬉戲哪！

肉眼究竟有無看清沙丘真正顏色的一天？

抑或，沙丘是否有「真正的顏色」來著？

眼見細沙隨風來去，看著低矮連綿沙丘日漸形成無盡沙海，只覺每座沙丘無不是一場因緣聚散。

之為深深著迷於撒哈拉的「異鄉人」，正因身為「外來者」，更明確真實感知人不過世間過客，什麼都不曾真的「擁有」，無法掌控什麼，卻是「被給予者」，若夢想計畫真能成就什麼，那不過是神的應允，而人只能在每個當下「觀」自己的起心動念裡頭，究竟有多少愛。沙丘因應光影與風而變幻莫測，虛虛實實中，唯有愛留下。

記得當年剛回沙漠推動志業時，M便對我說：「將沙漠蛻變為綠洲，其實是為心做工，而非為土地。不是只靠妳工作，而是神的意願。妳需學會如何照顧保護好自己的身心，祈禱，聆聽也學習交託。很多事情不是妳的能力所能改變，但活得清明和有智慧的給予與分享，是妳的責任。妳在那片土地工作了什麼，是妳的願力驅使。前世今生皆源於願力，然一切的願，若非為自己回歸靈性永恆做工，只是用沙築堡，短暫徒勞。成就了什麼事，向來不重要，若人心彼此有愛的啟發，那就是了。這也包含妳自己。」

這些年，這段話在我面對挫折、衝突、誘惑與試煉時，將我拉回心中如如不動的那個點，讓我能夠不忘初衷。

我不知自己走入撒哈拉，內底因而被換掉了什麼？或許真如沙漠諺語所說：「神創造了水來潔淨身體，而創造了沙漠好潔淨靈魂。」只覺心是空的，又是滿的，直往撒哈拉靠近，溫柔廣袤的沙漠，與殘暴無情的人類歷史。閉上眼，回想撒哈拉無盡沙丘，滿心盡是穩定寧靜。

沙漠於我有種近乎神奇的穩定與淨空力量，只要還能坐在沙丘，看著一望無際的大地與不停變動中的天空，我便寧靜欣喜。沙漠有著千萬種面貌，因著光影轉變，時時刻刻幻化著，溫柔沉靜地穩住了我，從生命最底層讓我好好站著，我是大地風景上的一小塊且我安然自在。

看著沙漠，聽著風吹過棕櫚樹吟唱而出的歌，陽光細緻歡愉地在樹葉間照耀，只覺自身融入存在大有之中，無有恐懼，盡是歡喜盡是愛。

沙漠教會了我如何「愛人」，如何開闊看待世事所有，讓我願意學著以更寬廣的格局去愛，讓我無論發生什麼事，都還願意開懷大笑地面對。

望著光裡的金色沙丘，我想起了《金剛經》。「若以色見我，以音聲求我，是人行邪道，不能見如來。」原來世間有為法，如夢幻泡影，如露亦如電，艱困逆境如是，愉悅順勢亦然。

願以此做為本書句點。

麥麥

貝桑：「這棵古老檉柳之所以這麼美，是因為它不是人類種植的，是野生的，來自阿拉的創造。」

每一座沙丘，無不是一場因緣聚散

ACROSS 062

撒哈拉，一片應許之地：一位人類學者的另類旅遊實踐記事

作　者—蔡適任
攝　影—蔡適任
圖片提供—王英杰（前折口、208、260、305、308、309、335頁）
責任編輯—陳詠瑜
行銷企畫—林欣梅
校　對—聞若婷
封面設計—FE工作室
內頁設計—張靜怡

編輯總監—蘇清霖
董 事 長—趙政岷
出 版 者—時報文化出版企業股份有限公司
一〇八〇一九臺北市和平西路三段二四〇號三樓
發行專線—（〇二）二三〇六—六八四二
讀者服務專線—〇八〇〇—二三一—七〇五
（〇二）二三〇四—七一〇三
讀者服務傳真—（〇二）二三〇四—六八五八
郵撥—一九三四四七二四時報文化出版公司
信箱—一〇八九九臺北華江橋郵局第九九信箱

時報悅讀網—http://www.readingtimes.com.tw
電子郵件信箱—newstudy@readingtimes.com.tw
時報出版愛讀者粉絲團—https://www.facebook.com/readingtimes.2
法律顧問—理律法律事務所　陳長文律師、李念祖律師
印　刷—華展印刷有限公司
初版一刷—二〇二二年七月二十九日
初版二刷—二〇二二年九月二十一日
定　價—新臺幣四八〇元
（缺頁或破損的書，請寄回更換）

時報文化出版公司成立於一九七五年，
一九九九年股票上櫃公開發行，二〇〇八年脫離中時集團非屬旺中，
以「尊重智慧與創意的文化事業」為信念。

撒哈拉，一片應許之地：一位人類學者的另類旅遊實踐記事／蔡適任著. -- 初版. -- 臺北市：時報文化出版企業股份有限公司，2022.07
336面；14.8×21公分. --（Across；62）
ISBN 978-626-335-474-6（平裝）

1. CST：人文地理　2. CST：撒哈拉沙漠

763.85　　111007243

ISBN 978-626-335-474-6
Printed in Taiwan